Grammatik kurz & bündig
DEUTSCH als Fremdsprache

von Heike Voit

Neubearbeitung
von Joachim Neubold

PONS GmbH
Stuttgart

PONS
Grammatik kurz & bündig
DEUTSCH als Fremdsprache

von Heike Voit

Neubearbeitung
von Joachim Neubold

Auf der Basis von ISBN 978-3-12-561141-2.
Inhaltlich identisch mit ISBN 978-3-12-561409-3.

Auflage A1 4 3 2 1 / 2016 2015 2014 2013

PONS Produktinfos und Shop: www.pons.de
PONS Online-Wörterbuch: www.pons.eu
E-Mail: info@pons.de

Logoentwurf: Erwin Poell, Heidelberg
Logoüberarbeitung: Sabine Redlin, Ludwigsburg
Titelfoto: Vlado Golub, Stuttgart
Einbandgestaltung: Tanja Haller, Petra Schnur, Stuttgart
Illustrationen: Stefan Theurer, Eningen; Walter Uihlein, Altdorf
Layout: Satz und mehr, Besigheim
Satz: Fotosatz Kaufmann, Stuttgart
Druck und Bindung: Print Consult GmbH, München

Printed in the EU.
ISBN: 978-3-12-561911-1

So benutzen Sie dieses Buch

Die **PONS Grammatik kurz & bündig DEUTSCH als Fremdsprache** bietet Ihnen eine übersichtliche Darstellung der aktuellen deutschen Sprache in Deutschland, Österreich und der Schweiz. Anhand zahlreicher deutscher Beispielsätze können Sie die Regeln der deutschen Sprache auf einfache und verständliche Weise erlernen oder wiederholen.

Darüber hinaus finden Sie unter der Rubrik **Leicht gemerkt!** das Wichtigste zu jedem Kapitel in diesem Buch noch einmal in Kurzform zusammengefasst. Wenn Sie sich also zu einem bestimmten Grammatikthema einen kurzen, aber gründlichen Überblick verschaffen wollen, dann können Sie sich an diesem Leicht-Merk-System orientieren.

Bei der Arbeit mit diesem Buch helfen Ihnen die folgenden Symbole:

! Hier wird auf eine Regel oder Besonderheit hingewiesen, die Sie nicht übersehen sollten.

Kleine Tipps verraten Ihnen an dieser Stelle, wie Sie sich die Regeln besser merken können.

Bestimmte Regeln kann man sich auch spielerisch ganz leicht erarbeiten. Probieren Sie doch einmal unsere Spiel- und Übungsvorschläge an dieser Stelle aus!

▶ Hier wird auf eine andere Stelle im Buch verwiesen.

Im Anhang finden Sie außerdem einige **Erklärungen wichtiger Grammatikbegriffe** und ein ausführliches **Stichwortregister**, mit dem Sie nach bestimmten Themen gezielt suchen können. So wird die **PONS Grammatik kurz & bündig DEUTSCH als Fremdsprache** zu Ihrem wertvollen Begleiter beim Erlernen der deutschen Sprache.

Zu allen Grammatik-Themen, die in diesem Buch behandelt werden, finden Sie online unter **www.pons.de/grammatikportal** insgesamt mehr als 100 Übungen, mit denen Sie aktiv und sicher in der Sprache werden. Auf der Innenseite des vorderen Buchdeckels wird Ihnen Schritt für Schritt erklärt, wie Sie zum PONS-Grammatikportal gelangen.

Viel Spaß und Erfolg!

Inhalt

Laute und Buchstaben

Das deutsche Alphabet hat 26 große und 26 kleine Buchstaben:

A	B	C	D	E	F	G	H	I	J	K	L	M
a	b	c	d	e	f	g	h	i	j	k	l	m
N	O	P	Q	R	S	T	U	V	W	X	Y	Z
n	o	p	q	r	s	t	u	v	w	x	y	z

! Dazu kommen die Umlaute **Ä Ö Ü** bzw. **ä ö ü** und das **ß** (allerdings nicht in der Schweiz, dort schreibt man immer ss).
Im Deutschen kann man nicht eindeutig von der Aussprache auf die Schreibung und umgekehrt schließen.

Wer sich bei der Schreibung unsicher ist, sollte in jedem Fall in ein Wörterbuch zur deutschen Rechtschreibung sehen.

Vokale

Laut	**Beispielwort**
[a]	h**a**t
[aː]	**A**bend
[ɐ]	d**er**
[ɛ]	spr**e**chen
[eː]	g**e**hen
[ə]	viel**e**
[ɪ]	m**i**t
[iː]	Z**ie**l
[ɔ]	**o**ft
[oː]	L**o**hn
[ʊ]	M**u**tter
[uː]	F**u**ß

Umlaute

Laut	**Beispielwort**
[œ]	k**ö**nnen
[ɛː]	z**ä**hlen
[øː]	sch**ö**n
[ʏ]	f**ü**llen
[yː]	f**ü**hlen

Diphthonge

Laut	**Beispielwort**
[aɪ]	H**ai**, b**ei**
[aʊ]	H**au**s
[ɔɪ]	S**äu**le, n**eu**

Konsonanten

Laut	**Beispielwort**
[b]	**B**all
[ç]	**m**ich
[x]	**l**achen
[d]	**d**anke
[f]	**f**ein
[g]	**g**eben
[h]	**H**aus
[j]	**j**a
[kʰ]	**K**ind
[l]	**L**iebe
[m]	**M**ädchen
[n]	**n**ein
[ŋ]	la**ng**
[pʰ]	**P**aar
[ʀ]	wa**r**um
[s]	mi**ss**en, Ma**ß**
[ʃ]	**sch**on, **S**tein
[tʰ]	**T**isch
[v]	**w**o
[z]	**s**ehr
[ʒ]	Gara**g**e
[ts]	**Z**eit, Bli**tz**
[tʃ]	deu**tsch**

1 Der Artikel

Artikel stehen vor dem Substantiv. Sie haben die Funktion eines Begleiters.

Der *Name „Horst" ist deutsch.*

Es gibt folgende Artikel:

- Bestimmte Artikel: ***der*** *Hund,* ***die*** *Katze,* ***das*** *Pferd*
- Unbestimmte Artikel: ***ein*** *Hund,* ***eine*** *Katze,* ***ein*** *Pferd*
- Negationsartikel: ***kein*** *Hund,* ***keine*** *Katze,* ***kein*** *Pferd*

Die Artikel passen sich in Genus, Numerus, Kasus dem Substantiv an:

Der Hund *ist schon alt.* (Maskulinum, Singular, Nominativ)
Der Katze *schmecken Mäuse.* (Femininum, Singular, Dativ)
Die Pferde *fressen Gras.* (Neutrum, Plural, Nominativ)

▶ Substantive, S. 14ff.

Der bestimmte Artikel

Dieser Artikel bezeichnet etwas Konkretes oder schon Bekanntes.

Das ist ***der*** *Hund unseres Nachbarn.* ***Die*** *Katze von nebenan kommt auch immer zu uns. Und* ***das*** *Pferd gehört den Kindern.*

der Hund	die Katze	das Pferd

Formen des bestimmten Artikels:

	Singular			Plural
	Maskulinum	**Neutrum**	**Femininum**	
Nominativ	***der*** *Hund*	***das*** *Pferd*	***die*** *Katze*	***die*** *Tiere*
Akkusativ	***den*** *Hund*	***das*** *Pferd*	***die*** *Katze*	***die*** *Tiere*
Dativ	***dem*** *Hund*	***dem*** *Pferd*	***der*** *Katze*	***den*** *Tieren*
Genitiv	***des*** *Hundes*	***des*** *Pferdes*	***der*** *Katze*	***der*** *Tiere*

Die Verbindung von Präposition und bestimmtem Artikel

Der bestimmte Artikel kann sich mit einigen Präpositionen verbinden.

► Präpositionen, S. 118 ff.

am	*an + dem*	***Am** Montag gehen wir tanzen.*
ans	*an + das*	*Wir wollen **ans** Ufer schwimmen.*
aufs	*auf + das*	*Die Katze ist **aufs** Dach geklettert.*
beim	*bei + dem*	*Wir müssen pünktlich **beim** Arzt sein.*
im	*in + dem*	***Im** Garten blühen jetzt Veilchen.*
ins	*in + das*	*Wir wollen **ins** Kino.*
vom	*von + dem*	***Vom** Fenster aus sehe ich die Kinder.*
zum	*zu + dem*	***Zum** Hafen ist es nicht weit.*
zur	*zu + der*	*Er geht nicht gern **zur** Schule.*

...

Der unbestimmte Artikel

Dieser Artikel bezeichnet etwas Neues oder Allgemeines.

*Gestern habe ich **einen** Hund gesehen. Das wird heute **ein** schöner Tag.*

Formen des unbestimmten Artikels

	Singular			Plural
	Maskulinum	**Femininum**	**Neutrum**	
Nominativ	***ein** Hund*	***eine** Katze*	***ein** Pferd*	---
Akkusativ	***einen** Hund*	***eine** Katze*	***ein** Pferd*	---
Dativ	***einem** Hund*	***einer** Katze*	***einem** Pferd*	---
Genitiv	***eines** Hundes*	***einer** Katze*	***eines** Pferdes*	---

! Im Plural gibt es keinen unbestimmten Artikel.
► In Kapitel 3 (Pronomen) gibt es weitere Beispiele für diese Formen.

Der Negationsartikel

Mit dem Artikel ***kein*** kann man etwas verneinen. Er setzt sich aus *k + ein/eine/ein* zusammen.

*Ich habe **keinen** Hund, **keine** Katze und **kein** Pferd. Ich habe nur einen Goldfisch.*

Kein steht als Artikel vor Substantiven ...

- statt eines unbestimmten Artikels
  Sie ist eine gute Schauspielerin. → *Sie ist **keine** gute Schauspielerin.*
- ohne Artikel
  Sie ist Schauspielerin. → *Sie ist **keine** Schauspielerin.*

Formen des Negationsartikels

	Singular			**Plural**
	Maskulinum	**Femininum**	**Neutrum**	
Nominativ	***kein*** *Hund*	***keine*** *Katze*	***kein*** *Pferd*	***keine*** *Tiere*
Akkusativ	***keinen*** *Hund*	***keine*** *Katze*	***kein*** *Pferd*	***keine*** *Tiere*
Dativ	***keinem*** *Hund*	***keiner*** *Katze*	***keinem*** *Pferd*	***keinen*** *Tieren*
Genitiv	***keines*** *Hundes*	***keiner*** *Katze*	***keines*** *Pferdes*	***keiner*** *Tiere*

! Im Singular sind die Endungen des unbestimmten und des Negationsartikels gleich. Im Unterschied zu ***ein*** hat ***kein*** aber Pluralformen.

Die Negation mit *nicht* bei Substantiven mit bestimmtem Artikel

Steht bei der Verneinung vor dem Substantiv ein bestimmter Artikel, wird ***nicht*** gebraucht. ***Nicht*** steht dann vor dem bestimmten Artikel.

Das ist die Schauspielerin, zu der die Rolle der Julia passt.
*Das ist **nicht** die Schauspielerin, zu der die Rolle der Julia passt.*

Der Gebrauch der Artikel

Unbestimmter Artikel	Bestimmter Artikel
Es geht um eine **neue** Sache: *Kaufe morgen bitte **ein** Brot.*	Die Sache ist schon **bekannt:** *Soll **das** Brot frisch sein?*
Es geht um eine **neue** Person: *Ich habe **eine** Frau gesehen.*	Die Person ist schon **bekannt:** ***Die** Frau hatte grüne Haare.*
Es geht um **keine spezielle** Sache: *Gib mir bitte **ein** Glas.* *(Es ist egal, welches.)*	Es geht um **eine spezielle** Sache: *Gib mir bitte **das** Glas.* *(Ein bestimmtes Glas ist gemeint.)*
ebenso bei **Abstrakta**: *Das war **eine** große Freude.*	ebenso bei **Abstrakta**: *Das war **die** größte Freude seines Lebens.*

Die Artikel in Verbindung mit *sein* und *werden*:

Unbestimmter Artikel	Bestimmter Artikel
Es geht um eine **besondere Eigenschaft ...**	Es geht um eine **spezielle Person ...**
der Berufsbezeichnung: *Er ist **ein** guter Schauspieler.* *Sie wurde **eine** gute Schauspielerin.*	bei der Berufsbezeichnung: *Er ist **der** Schauspieler, der den Romeo gespielt hat.* *Sie wurde **die** bekannteste Schauspielerin in Deutschland.*
der sozialen Stellung: *Er ist **ein** kluger König.*	bei der sozialen Stellung: *Er ist **der** Sonnenkönig.*

Der bestimmte Artikel steht außerdem bei Begriffen, die einmalig sind:

– geografische Eigennamen	*die Alpen, der Bodensee, der Rhein*
– einige Staatsnamen	*die Türkei, die Schweiz, der Irak*
– Staatsnamen im Plural	*die USA, die Philippinen*
– Landschaftsnamen	*der Schwarzwald*
– bekannte Bauwerke	*das Brandenburger Tor, der Eiffelturm*
– Namen für Institutionen	*das Landratsamt, das Rathaus*
– Namen für Persönlichkeiten	*der Papst, die Queen*
– Abstrakte Eigennamen (Epochen, historische Ereignisse)	*der Expressionismus, die Novemberrevolution*

Im Süddeutschen, in Österreich und in der Schweiz steht in der Umgangssprache vor dem Vornamen häufig der bestimmte Artikel.
***Der** Luis hat gesagt, dass **der** Franz krank ist.*

Ohne Artikel

Es steht kein Artikel

– beim Plural von unbestimmten Artikeln	*Ich muss Nudeln einkaufen.*
– bei Vornamen	*Hans und Franz essen Eis.*
– bei Nachnamen	*Guten Tag, Herr Becker!*
– bei Berufsbezeichnungen	*Er ist Schauspieler.*
– bei Angaben der Nationalität	*Ich bin Deutscher, du bist Franzose.*
– bei Angaben der Religion	*Sie ist Jüdin und er ist Moslem.*
– bei nicht zählbaren Dingen	*Geh doch bitte Mehl kaufen.*
– bei Abstrakta	*Ich habe Schmerzen.*
– bei den Kontinenten	*Europa ist kleiner als Asien.*
– bei Ländern	*Er kommt aus Schweden.*
– bei Städten	*In Stockholm ist im Sommer viel los.*
– bei Krankheiten	*Seine Mutter leidet an Asthma.*
– bei Überschriften	*Panik im Tokio-Express*

– oft bei Buchtiteln	*„Krieg und Frieden", „Harry Potter"*
– bei Aufzählungen	*Zu verkaufen: kleines Haus mit 2 Zimmern, Küche, Bad und Garten*

▶ Der Negationsartikel, S. 10

Leicht gemerkt!

Die Artikel im Überblick:

	Maskulinum	Femininum	Neutrum
Bestimmter Artikel	**der**	**die**	**das**
Unbestimmter Artikel	**ein**	**eine**	**ein**
Negationsartikel	**kein**	**keine**	**kein**

Der bestimmte Artikel bezeichnet etwas Bestimmtes oder Bekanntes, der unbestimmte etwas Allgemeines oder Neues.
Nehmen Sie beim Wörterlernen für jedes Genus Kärtchen in einer anderen Farbe, z. B. blaue Kärtchen für männliche Substantive, rote Kärtchen für weibliche Substantive und weiße für neutrale Substantive.

2 Das Substantiv (Nomen)

Substantive schreibt man groß.

Außerdem haben sie noch drei wichtige Merkmale:

1. **das Genus:** (das grammatische Geschlecht)

Maskulinum:	*der Löffel*
Femininum:	*die Gabel*
Neutrum:	*das Messer*

Lernen Sie immer das Substantiv mit dem Artikel zusammen.

2. **der Numerus:** (die grammatische Zahl)

Singular:	*der Topf*
Plural:	*die Töpfe*

3. **der Kasus:** (der grammatische Fall)

   Der Tee schmeckt. Den Tee mag ich nicht.

Das Substantiv kann also den Kasus und den Numerus wechseln, aber normalerweise nicht das Genus.

Vor den Substantiven können verschiedene Wörter stehen:

– **Bestimmter und unbestimmter Artikel** ▶ Kapitel 1, S. 8ff.	***das*** *Haus,* ***ein*** *Haus*
– **andere Artikelwörter** ▶ Kapitel 3, S. 31ff.	***jeder*** *Mensch,* ***diese*** *Frau,* ***dein*** *Haus*
– **Adjektive** ▶ Kapitel 4, S. 44ff.	*Das ist ein* ***schöner*** *Herbst.*
– **Zahlwörter** ▶ Kapitel 5, S. 54ff.	*Es wiegt* ***hundert*** *Gramm.*
– **Partizipien** ▶ Kapitel 6, S. 75f.	*Er hat ein* ***gebrauchtes*** *Fahrrad.*

Hinter den Substantiven können Substantive mit Artikelwort im Genitiv stehen. Dann drücken sie eine Zugehörigkeit aus.

Das ist die Geschichte ***der Romanovs****.*
(Die Familie Romanov hat eine Geschichte.)
Ich kann den Hund ***unserer Nachbarin*** *nicht leiden.*
(Der Hund gehört der Nachbarin.)

Substantive bezeichnen:

- **Konkretes**
  Lebewesen:
  Menschen, Tiere, Pflanzen — *das Kind, die Ärztin, der Löwe, die Fichte*
  Dinge/Sachen — *das Buch, die Tasche, der Strumpf*
- **Abstraktes** — *die Aufregung, der Spaß, die Demokratie*
- **Eigennamen**:
  Personennamen — *Paul, Marie*
  geografische Eigennamen — *Berlin, der Rhein, der Harz*
  historische Eigennamen — *die Französische Revolution, der Dreißigjährige Krieg*

Das Genus des Substantivs

Die deutsche Sprache kennt **drei** grammatische Geschlechter: Maskulinum, Femininum und Neutrum.
Die Artikel ***der, die, das*** machen das Geschlecht deutlich.

Maskulinum (= männlich)		**Neutrum** (= sächlich)		**Femininum** (= weiblich)	
der	Vater	***das***	Kind	***die***	Mutter
der	Hund	***das***	Futter	***die***	Katze
der	Zucker	***das***	Brot	***die***	Wurst

Ohne Artikel ist es oft schwer, das Genus der Substantive zu erkennen. Nur bei Personen ist es leicht, denn das natürliche Geschlecht ist mit dem grammatischen Geschlecht identisch.

weibliche Person		männliche Person	
die	Frau	***der***	Mann
die	Mutter	***der***	Vater
die	Tante	***der***	Onkel
die	Großmutter	***der***	Großvater

Und warum ***das Mädchen***? Hier gilt die Regel leider nicht. Verkleinerungsformen mit der **Endung *-chen*** sind immer Neutrum.

!

- Bei der Zuordnung zum Genus wird manchmal nicht zwischen Mann und Frau unterschieden:
  der Mensch, der Gast, das Mitglied
- ebenso bei Abkürzungen mit Endung *-i:*
  der Hiwi (Hilfswilliger), der Azubi (Auszubildender)
- Das Geschlecht mancher Substantive ist nur am Artikel zu erkennen, weil sich das Wort nicht ändert:
  der Schlafende/die Schlafende, der Reisende/die Reisende
- Bei manchen Substantiven wechselt das Genus, weil es regionale Unterschiede gibt:
  der/das Cola, die/das E-Mail
  ▶ Kapitel 10, österreichisches Deutsch

Wortendungen sind Signale, die bei der Genusbestimmung der Substantive helfen.

Typische Wortendungen, an denen man das Genus erkennen kann:

Feminine Wortendungen:	**Feminine Substantive:**
-e (nicht immer!)	*die Katze, die Erde, die Blume*
-in	*die Freundin, die Ärztin, die Läuferin*
-frau	*die Bürokauffrau, die Bankkauffrau*
-ei	*die Schneiderei, die Bäckerei, die Träumerei*
-keit	*die Süßigkeit, die Müdigkeit, die Herzlichkeit*
-heit	*die Gesundheit, die Krankheit, die Faulheit*
-schaft	*die Freundschaft, die Brüderschaft, die Gesellschaft*
-ung	*die Sendung, die Heizung, die Endung*
Fremdwörter auf ***-ät, -ik, -ion, -ie, -ur, -enz***	*die Universität, die Kritik, die Position, die Demokratie, die Kultur, die Existenz*

! Die Namen der Bäume und vieler Blumen sind feminin:
die Tanne, die Eiche, die Rose, die Lilie

Neutrale Wortendungen:	Neutrale Substantive:
-chen (Verkleinerung)	*das Häuschen, das Mäuschen, das Höschen*
-lein (Verkleinerung)	*das Häuslein, das Mäuslein, das Höslein*
-ment	*das Testament, das Dokument*
-nis	*das Geheimnis, das Gefängnis, das Gleichnis*
-tum	*das Griechentum, das Brauchtum, das Eigentum*
-um	*das Datum, das Museum, das Zentrum*

Substantivierungen: Man kann Verben, Adjektive etc. zu Substantiven machen. Sie sind dann neutral.

– Substantivierte Verben im Infinitiv

das Rauchen

– Substantivierte Adjektive:

das Gute

Maskuline Wortendungen:	Maskuline Substantive:
-er (meist)	*der Maurer, der Bäcker, der Spieler*
-en	*der Besen, der Rasen, der Ofen*
-ig	*der Pfennig, der Essig, der Honig*
-ling	*der Zwilling, der Liebling, der Frühling*
Fremdwörter:	
-or	*der Motor, der Katalysator, der Organisator*
-ismus	*der Kapitalismus, der Kollektivismus, der Pessimismus*
-ist	*der Pessimist, der Optimist, der Polizist*

Was ist noch maskulin?

- Die Namen der Jahreszeiten, Monate und Wochentage: *der Sommer, der Winter, der Mai, der Herbst, der Montag, der Freitag*
- die Himmelsrichtungen: *der Norden, der Süden, der Osten, der Westen*
- Wettererscheinungen: *der Regen, der Schnee, der Nebel, der Frost*
- Automarken: *der Skoda, der Volvo, der BMW*
- Namen von Spirituosen: *der Whisky, der Gin, der Wodka*
- Namen von Gebirgen, Bergen, ausländischen Flüssen: *der Harz, der Vesuv, der Nil*

Der Numerus

Substantive haben in der Regel einen Singular und einen Plural.
Singular ist die grammatische Einzahl *(das Buch)*.
Plural ist die grammatische Mehrzahl *(die Bücher)*.

Der Singular

Manche Wörter gibt es **nur im Singular**, weil man sie **nicht zählen** kann.

– Abstrakta:	*die Geduld, der Fleiß, der Mut*
– Stoffnamen aus der Natur:	*das Gold, der Granit, der Sauerstoff*
– im Zusammenhang mit dem Wetter:	*der Schnee, der Regen, der Nebel*
– Kollektiva (Sammelnamen) …	
für Dinge:	*das Geschirr, das Gepäck, das Besteck*
für Personengruppen:	*die Verwandtschaft, der Adel, das Publikum*
für Tiere und Pflanzen:	*das Wild, das Getreide, das Obst*
– Substantivierte Infinitive:	*das Gehen, das Laufen, das Lernen*
– Mengen und Maße:	*500 Gramm Salami, 2 Meter Stoff*

Im Deutschen gibt es sehr viele **Komposita.** Sie bestehen aus Bestimmungswort + Grundwort. Das Kompositum trägt dann den Artikel des Grundwortes. ► Komposita, S. 109 ff.

Der Plural

Plural bedeutet Mehrzahl. Der bestimmte Artikel heißt für alle Substantive *die.*

Es gibt folgende Möglichkeiten der Pluralbildung:

	Singular	**Plural**	
Typ 1: *-e* (oft mit Umlaut)	*der Schirm*	*die Schirm**e***	viele einsilbige Substantive
	der Frosch	*die Fr**ö**sch**e***	
	das Fest	*die Fest**e***	
	die Luft	*die L**ü**ft**e***	alle Feminina mit Umlaut!
	die Braut	*die Br**ä**ut**e***	
	das Gedicht	*die Gedicht**e***	Präfix + Neutra
	das Verbot	*die Verbot**e***	
	der Kommissar	*die Kommissar**e***	mehrsilbige Maskulina
	der Salat	*die Salat**e***	
	der Schmetter-ling	*die Schmetterling**e***	Maskulina mit *-ling*
+ *s*!	*das Geheimnis*	*die Geheimnis**se***	Neutra mit *-nis*
Typ 2: *-n, -en*			viele Feminina (auch feminine Fremdwörter)
-n	*die Seife*	*die Seife**n***	bei Wortendung auf Vokal
	die Feder	*die Feder**n***	oder auf *-er*
	die Regel	*die Regel**n***	oder auf *-el*
	der Junge	*die Junge**n***	Maskulina auf *-e*
-en	*die Tat*	*die Tat**en***	bei Wortendung auf Konsonant
	die Tischlerei	*die Tischlerei**en***	oder auf *-ei*
	die Frau	*die Frau**en***	oder auf *-au*
+ *n*!	*die Freundin*	*die Freundin**nen***	oder auf *-in*

Typ 3: – (endungslos)	*der Tunnel*	*die Tunnel*	häufig Maskulina auf *-el*
	der Mantel	*die M**ä**ntel*	meist *-el* mit Umlaut
	der Vater	*die V**ä**ter*	manchmal *-er* mit Umlaut
	der Ofen	*die **Ö**fen*	*-en* mit Umlaut
	das Mittel	*die Mittel*	Neutra auf *-el*
	das Leben	*die Leben*	auf *-en*
	das Wunder	*die Wunder*	auf *-er*
	das Mäuschen	*die Mäuschen*	Diminutive mit *-chen*
	das Häuslein	*die Häuslein*	Diminutive mit *-lein*

Typ 4: -er	*das Feld*	*die Feld**er***	einsilbige Neutra
	das Holz	*die H**ö**lz**er***	Neutra mit Umlaut
	der Mann	*die M**ä**nn**er***	einige Maskulina mit Umlaut
	der Mund	*die M**ü**nd**er***	

Typ 5: -s	*das Taxi*	*die Taxis*	bei vielen Fremdwörtern, die auf Vokal enden (außer *-e*)

Bei diesen Fremdwörtern steht im Plural ***-en:***

die Firma — *die Firm**en***
der Atlas — *die Atlant**en***
die Praxis — *die Prax**en***
das Museum — *die Muse**en***
der Kaktus — *die Kakte**en***
der Globus — *die Glob**en***

Bei manchen Fremdwörtern bleiben die **fremden Pluralendungen** erhalten:

das Lexikon — *die Lexik**a***
das Praktikum — *die Praktik**a***

Manche Substantive gibt es nur im Plural.

- Geografische Bezeichnungen: *die Alpen, die Antillen, die USA*
- Personengruppen: *die Eltern, die Geschwister, die Leute*
- Zeitabschnitte: *die Ferien, Flitterwochen*
- Kollektiva aus dem Handel: *Lebensmittel, Spirituosen, Textilien*
- außerdem: *die Finanzen, die Personalien, die Papiere*

Lernen Sie die Substantive am besten gleich mit Artikel, Singular- und Pluralform.

Der Kasus

Das Substativ hat verschiedene Funktionen im Satz, zum Beispiel als Subjekt oder Objekt. Je nach Funktion ändern sich das Begleitwort und manchmal auch das Substantiv.
Für den Wechsel des Kasus sind bestimmte Wortarten verantwortlich, zum Beispiel das Verb, das Adjektiv oder die Präposition. Man sagt: Das Verb oder die Präposition regiert den Kasus (Rektion der Verben; Rektion der Präpositionen, Rektion der Adjektive). Bei den meisten Verben, Präpositionen etc. ist festgelegt, welcher Kasus folgt.
Die vier Kasus haben folgende Namen:

Der Nominativ:
Er steht meist a) für das Subjekt des Satzes und b) nach den Verben *sein, bleiben, werden.*
Beispiel: a) ***Der Kandidat** gewinnt eine Million Euro.*
b) *Er ist und bleibt **ein guter Arzt**.*

Der Akkusativ:
Er steht a) für das Akkusativobjekt des Satzes und b) immer nach den Präpositionen *durch, für, gegen, ohne, um.*
Beispiel: a) *Wir nehmen **einen Salat**, bitte.* (*nehmen* regiert den Akkusativ)
b) *Dieses Geschenk ist für **meinen Vater**.*

Der Dativ:
Er steht a) für das Dativobjekt des Satzes und b) immer nach den Präpositionen *aus, bei, mit, von, zu.*
Beispiel: a) *Antworte **deiner Mutter** schnell.* (*antworten* regiert den Dativ)
b) *Ich möchte noch ein Stück von **diesem Kuchen**.*

Der Genitiv:
Er steht a) für ein Genitivobjekt, b) als Attribut für ein anderes Substantiv oder nach bestimmten Präpositionen, zum Beispiel *wegen, trotz, infolge, dank.*
Beispiel: a) *Ich erinnere mich **des Mannes** nicht.* (*erinnern* regiert den Genitiv)
b) *Das ist die Telefonnummer **meiner Freundin**.*
c) *Wir konnten wegen **des Regens** leider nicht wandern gehen.*

Typen der Deklination im Singular

Der Artikel allein zeigt meist Genus und Kasus des Substantivs. Das Substantiv selbst hat nur wenige Endungen.

Typ 1:

Hierzu gehören die meisten Maskulina und alle Neutra (bis auf ***Herz***). Ihr Merkmal ist die Genitivendung *-**s**, -**es***.

Kasus	Maskulinum	Neutrum	Beispielsatz
Nominativ	*der/ein Maler*	*das/ein Bild*	*Der Maler malt ein Bild. Das Bild ist schön.*
Akkusativ	*den/einen Maler*	*das/ein Bild*	*Die Landschaft hat den Maler inspiriert, das Bild zu malen.*
Dativ	*dem /einem Maler*	*dem/einem Bild(**e**)*	*Dem Maler gefielen die Blumen auf dem Bild von van Gogh.*
Genitiv	*des/eines Maler**s***	*des Bild**es**/ eines Bild**es***	*Eines der Bilder des Malers hängt in der Galerie.*

Typ 2 = n-Deklination:

Substantive der n-Deklination sind leicht zu erkennen. Es sind:

- **Maskuline Lebewesen**, die auf ***-e*** enden: *der Löwe, der Rabe, der Junge, der Kunde*
- **Nationalitäten** mit der Endung ***-e**: der Russe, der Ire, der Türke, der Deutsche*
- ein paar **weitere Maskulina**, die ebenfalls meist Lebewesen bezeichnen: *der Bär, der Bauer, der Nachbar*
- **Fremdwörter** als maskuline Berufsbezeichnung, die auf *-**ant**, -**ent**, -**ist**, -**at**, -**oge**, -**graf*** enden: *der Laborant, der Assistent, der Internist, der Advokat, der Pädagoge, der Fotograf*

Kasus	Maskulinum	Beispielsatz
Nominativ	*der/ein Affe*	*Der Affe klettert auf den Baum.*
Akkusativ	*den/einen Affe**n***	*Dort streichelt er einen anderen Affen.*
Dativ	*dem/einem Affe**n***	*Dem Affen gefällt das.*
Genitiv	*des/eines Affe**n***	*Die Hände des Affen sind geschickt.*

Typ 2 hat außer im Nominativ immer die Endung ***-(e)n***. Achten Sie auf folgende Ausnahme: der Plural zu *ein Deutscher* lautet *Deutsche* (ohne **-n**) im Gegensatz zu *Russe**n**, Ire**n*** etc.

Typ 2.1:

Hierzu gehören einige maskuline Abstrakta mit der Endung ***-e***: ***der Name, der Buchstabe, der Wille*** usw. und nur **ein** Neutrum, nämlich ***das Herz.***

Kasus	Maskulinum	Neutrum
Nominativ	*der/ein Gedanke*	*das/ein Herz*
Akkusativ	*den/einen Gedanke**n***	*das/ein Herz*
Dativ	*dem/einem Gedanke**n***	*dem/einem Herz**en***
Genitiv	*des/eines Gedanke**ns***	*des/eines Herz**ens***

Typ 2.1 wird wie Typ 2 gebildet, hat aber im Genitiv zusätzlich ein ***-s***.

Typ 3: Feminina

Hierzu gehören alle Feminina. Sie sind **endungslos**.

Kasus	Femininum	Beispielsatz
Nominativ	*die/eine Suppe*	*Die Suppe war salzig.*
Akkusativ	*die/eine Suppe*	*Der Gast mochte die Suppe nicht.*
Dativ	*der/einer Suppe*	*Der Suppe sah man es nicht an.*
Genitiv	*der/einer Suppe*	*Die Köchin der Suppe war nämlich verliebt.*

Bildung des Genitivs im Singular

Der Genitiv spielt im Deutschen eine kleinere Rolle als die anderen Kasus. Da er aber einige Besonderheiten hat, sind sie hier aufgeführt.

1. keine Endungen:

- bei den meisten **femininen** Substantiven: *Das ist der Ring der Frau.*
- bei Eigennamen mit Artikel: *Die Familie des Bertolt Brecht wusste, dass er gern rauchte.*

2. Endung -es:

- bei **maskulinen** und **neutralen** Substantiven:
- **einsilbige:** *Am Ende des Tag**es** schmeckt ein gutes Glas Wein.*
- mit **betonter Endsilbe:** *Aufgrund seines Erfolg**es** wurde er Chef.*
- Substantivendung auf ***-s, -ß, -sch, st, -z, -x***: *Am Rande des Glas**es** saß eine Fliege.*
- **aber**: bei Personennamen auf ***-s, -ß***, und ***-x*** steht ein **Apostroph:** *Ma**x'** Brille ist kaputt. Thoma**s'** Brille sieht aber auch nicht besser aus.*

3. Endung -s:

- **mehrsilbig**: *Die Größe dieses Zimmer**s** ist ausreichend.*
- meist bei Substantivendung auf **Vokal:** *Der Geruch des Kaffee**s** macht Appetit.*
- **Eigennamen ohne Artikel**:
  - Personennamen: *Monika**s** Wunsch ist eine Reise in die Hauptstadt.*
  - geografische Eigennamen: *Im Zentrum Berlin**s** will er sich die Museen anschauen.*

4. Endung -(e)n

- **Maskuline** Substantive, die **Lebewesen** bezeichnen und den Plural auf ***-en*** bilden: *Die Höhle des Bär**en** ist im Wald.*
- Substantive, die **aus Adjektiven gebildet** wurden: *Die Blumen des Bös**en** sind in der Literatur bekannt.*

Vor allem in der mündlichen Sprache ersetzen *von* + Dativ oft das Genitivattribut. *(Valerias Eltern = die Eltern von Valeria; Peters Frau = die Frau von Peter; Stuttgarts Bürgermeister = der Bürgermeister von Stuttgart)*

Typen der Deklination im Plural

Bei der Deklination im Plural gibt es verschiedene Typen. Sie richten sich wiederum nach den Wortendungen im Singular.

Kasus	Typ 1: *-e*	Typ 2: *-(e)n*	Typ 3: (endungslos)	Typ 4: *-er*	Typ 5: *-s*
Nominativ	*die Fische*	*die Flaschen*	*die Flügel*	*die Kinder*	*die Büros*
Akkusativ	*die Fische*	*die Flaschen*	*die Flügel*	*die Kinder*	*die Büros*
Dativ	*den Fische**n***	*den Flaschen*	*den Flügel**n***	*den Kinder**n***	*den Büros*
Genitiv	*der Fische*	*der Flaschen*	*der Flügel*	*der Kinder*	*der Büros*

! Im Plural bleiben die Substantive außer im Dativ unverändert. Der Dativ Plural endet immer auf ***-n***. Nur Typ 5 hat in allen Fällen die Pluralendung ***-s***.

Leicht gemerkt!

Das Wichtigste zum **Genus**:
Drei Genera mit entsprechendem Artikel:
Maskulinum – ***der*** *Strand*
Femininum – ***die*** *Welle*
Neutrum – ***das*** *Meer*
Die **Wortendungen** können häufig helfen, das Genus zu bestimmen, z. B. **-ling** = Maskulinum, **-keit** = Femininum, **-chen** = Neutrum

Das Wichtigste zum **Numerus**:
Singular und **Plural**
Fünf Typen bei der Pluralbildung:
-e, -(e)n, - (ohne Endung), **-er, -s**
Artikel im **Plural** immer ***die***!

Das Wichtigste zum **Kasus**:
Es gibt vier Kasus: Nominativ, Akkusativ, Dativ, Genitiv.
Die Rektion der Verben, Präpositionen und Adjektive bestimmen den Wechsel der Kasus.
Deklinationstyp 1: alle Neutra, die meisten Maskulina
Deklinationstyp 2: Maskuline Lebewesen auf **-e**, Nationalitäten …
Deklinationstyp 2.1: Maskuline Abstrakta auf **-e**
Deklinationstyp 3: alle Feminina

Ganz einfach ist das Genus bei zusammengesetzten Substantiven: das Genus des zweiten Teilworts bestimmt das Genus des gesamten Substantivs, z. B. ***die*** *Armband**uhr***, ***die*** *Kirchturm**uhr*** etc.

3 Die Pronomen

Pronomen ersetzen ein bereits genanntes Substantiv oder eine Wortgruppe oder einen vorangehenden Satz. Deshalb werden sie auch **Stellvertreter** oder **Fürwörter** genannt.

Das ist unsere neue Kollegin Frau Maier. ***Sie*** *arbeitet nur montags.*
(Das Personalpronomen ***sie*** ersetzt die Wortgruppe *unsere neue Kollegin Frau Maier*.)

Heute hat es den ganzen Tag geregnet. ***Dies*** *deprimiert mich.*
(Das Demonstrativpronomen ***das*** ersetzt den ganzen ersten Satz.)

Kennst du Tiere, ***die*** *niemals schlafen?*
(Das Relativpronomen ***die*** ersetzt das Substantiv *Tiere*.)

Zu den Pronomen gehören:

die Personalpronomen	***Ich*** *wasche heute.*
die Reflexivpronomen	*Ich wasche* ***mich.***
die Possessivpronomen	*Das ist* ***meiner.***
die Demonstrativpronomen	***Dieser*** *gefällt mir.*
die Relativpronomen	*die Seife,* ***die*** *ich brauche …*
die Interrogativpronomen	***Welcher*** *ist dein Mann?*

Genus des Pronomens: Es hängt vom Substantiv ab, das ersetzt wird.

meine Frau = ***sie***
mein Mann = ***er***

Numerus: Pronomen können im Singular und Plural stehen.

mein Auto = ***es, dieses***
meine Autos = ***sie, diese***

Kasus: Pronomen können im Nominativ, Genitiv, Dativ und Akkusativ stehen.

Peter fährt nach München. *Mutter fährt mit* ***ihm.***
Peter kam nicht zur Party. *Statt* ***seiner*** *kam Willy.*

Wenn Pronomen Substantive oder Wortgruppen ersetzen, stehen sie im gleichen Numerus und Genus. Der Kasus richtet sich nach der Aufgabe, die die Pronomen im Satz erfüllen.

Peter besucht seinen Opa. *Er möchte **ihm** zum Geburtstag gratulieren.*

Numerus: *ihm* und ***seinen Opa*** stehen in der 3. Person Singular.
Genus: *ihm* und ***seinen Opa*** sind maskulin.

Die Personalpronomen

Das Personalpronomen ersetzt Personen, Personengruppen oder Sachen.
Im Singular und Plural gibt es jeweils drei Personalpronomen.

Singular	
1. Person :	***ich*** – der Sprecher
2. Person:	***du*** – eine Person wird angesprochen
3. Person:	***er/sie/es*** – es wird über eine Person oder Sache gesprochen

! Die 3. Person Singular richtet sich nach dem Genus des Substantivs.

Plural	
1. Person:	***wir*** – eine Personengruppe spricht über sich selbst
2. Person:	***ihr*** – eine Personengruppe wird angesprochen
3. Person:	***sie*** – über eine Personengruppe oder Sachen wird gesprochen
	Sie – bei einer höflichen Anrede im Singular und Plural

Die Deklination der Personalpronomen

Singular	1. Person	2. Person	3. Person		
			Maskulinum	Femininum	Neutrum
Nominativ	*ich*	*du*	*er*	*sie*	*es*
Akkusativ	*mich*	*dich*	*ihn*	*sie*	*es*
Dativ	*mir*	*dir*	*ihm*	*ihr*	*ihm*
Genitiv	*meiner*	*deiner*	*seiner*	*ihrer*	*seiner*

Plural	1. Person	2. Person	3.Person	Höflichkeitsform
Nominativ	*wir*	*ihr*	*sie*	*Sie*
Akkusativ	*uns*	*euch*	*sie*	*Sie*
Dativ	*uns*	*euch*	*ihnen*	*Ihnen*
Genitiv	*unser*	*euer*	*ihrer*	*Ihrer*

! Die höfliche Anrede schreibt man immer groß.

Die Anrede: *Sie* und *du*

Oft ist es schwierig zu entscheiden, wann ***du*** und wann ***Sie*** benutzt wird. Es gibt dafür keine festen Regeln, aber Hilfestellungen.

du — *Ich freue mich, dass du kommst.*

- schafft eine persönliche Atmosphäre.
- Deshalb benutzt man es in der Familie, bei der Anrede von **Kindern, Verwandten** und **Freunden.**
- **Arbeitskollegen** duzen sich auch oft, wenn sie sich gut verstehen.

Sie — *Ich freue mich, dass Sie kommen.*

- ist höflich gemeint und schafft Distanz.
- Man verwendet es bei der Anrede von **Fremden**, gegenüber **Vorgesetzten** und in allen **Institutionen.**
- Gegenüber **Älteren** benutzt man ebenfalls das höfliche ***Sie***.

Im Zweifelsfall benutzt man erst einmal das ***Sie*** und wartet, wie der Gesprächspartner reagiert.

Der Gebrauch des Pronomens *es*

Es kann verschiedene Funktionen im Satz haben:

***es* als Pronomen**	*Wie war das Konzert?* ***Es*** *war teuer.*
es ersetzt ein Adjektiv (***es*** ist unbetont und kann nicht an erster Stelle im Satz stehen.)	*Das Konzert war* ***teuer****. Die CD war* ***es*** *zum Glück nicht.*
es ersetzt eine Aussage direkt vorher	*Wann fängt die Vorstellung an? Ich weiß* ***es*** *nicht.*
***es* als formales Subjekt** (wenn kein anderes im Satz steht)	
bei Wetterbezeichnungen	***es*** *regnet,* ***es*** *schneit …*
bei Bezeichnungen für Geräusche	***es*** *klopft,* ***es*** *rauscht …*
bei Zeitangaben	***Es*** *ist Mittag / Nacht …* ***es*** *ist zwölf Uhr, …*
in festen Wortwendungen	***Es*** *gibt keine Fragen mehr. Wie geht* ***es*** *Ihnen heute?* ***Es*** *war einmal vor langer, langer Zeit …*
(***es*** ist unbetont und kann an erster Stelle oder direkt nach dem Verb stehen.)	***Es*** *riecht gut beim Bäcker.* ***Es*** *schmeckt gut. Gut riecht* ***es*** *hier.*
es* als Platzhalter** (Es*** steht an erster Stelle vor dem Verb. ***Es*** verschwindet, wenn ein anderes Element auf Pos. 1 steht.)	***Es*** *kamen viele Leute in die Ausstellung. In die Ausstellung kamen viele Leute.*

Die Reflexivpronomen

Das Reflexivpronomen bezieht sich immer auf das Subjekt des Satzes.

Echte und unechte Reflexivpronomen

Wenn das Reflexivpronomen fest zum Verb gehört, ist es ein echtes Reflexivpronomen.

Ich wundere mich. (*ich wundere* kann nicht alleine stehen und kein anderes Objekt statt des Reflexivpronomens haben.)

Wenn das Reflexivpronomen nur eine Ergänzung zum Verb ist, spricht man von einem unechten Reflexivpronomen. Das Verb kann also auch ein anderes Objekt haben.

Ich langweile mich. – Ich langweile meine Mutter.

Die Deklination der Reflexivpronomen

Das Reflexivpronomen wird nur im Dativ und Akkusativ gebraucht.

Dativ	Akkusativ
Ich kaufe ***mir*** *ein Auto.*	*Ich dusche* ***mich*** *jeden Morgen.*
Du kaufst ***dir*** *ein Fahrrad.*	*Du duschst* ***dich*** *jeden Abend.*
Er/sie/es kauft ***sich*** *ein Boot.*	*Er/sie/es duscht* ***sich*** *nicht gern.*
Wir kaufen ***uns*** *ein Boot.*	*Wir duschen* ***uns*** *häufig.*
Ihr kauft ***euch*** *einen alten Ford.*	*Ihr duscht* ***euch*** *selten.*
Sie kaufen ***sich*** *gar nichts.*	*Sie duschen* ***sich*** *gar nicht.*
Und was möchten Sie ***sich*** *kaufen?*	*Duschen Sie* ***sich*** *gern kalt?*

	Dativ	Akkusativ
ich	*mir*	*mich*
du	*dir*	*dich*
er, sie, es	***sich***	***sich***
wir	*uns*	*uns*
ihr	*euch*	*euch*
sie	***sich***	***sich***

! Die Deklination der Personal- und Reflexivpronomen ist identisch, bis auf die 3. Person Singular und Plural: **sich**.

Sonderfall: Das reziproke Pronomen

Von einem **reziproken Pronomen** spricht man, wenn die Wechselbeziehung zwischen mehreren Personen oder Sachen zueinander ausgedrückt werden soll.

Die beiden alten Frauen stützen ***sich*** *gegenseitig.*
Sie helfen ***einander****.*

Einander kann auch mit Präpositionen verbunden werden:

Die Kinder spielen ***miteinander****.*
Die Bücher lagen ***übereinander****.*
Wir haben ***zueinander*** *gefunden.*

Possessivpronomen und -artikel

Zu den Possessivwörtern gehören die Possessivpronomen und die Possessivartikel. Possessivpronomen ersetzen meistens ein Substantiv, Possessivartikel begleiten ein Substantiv. Sie ersetzen dann einen Artikel.

Possessivwörter zeigen den Besitz oder eine Zugehörigkeit an:
*Dort steht **mein** Haus.* (Possessivartikel)
*Und da ist **deines**.* (Possessivpronomen)

Zu jedem Personalpronomen gibt es passende Possessivwörter.

Personal-pronomen	Possessivwort	Beispielsätze mit Possessivartikel und Possessivpronomen
ich	*mein*	***Ich** habe **mein** Geld verloren.* *Das ist **meins**.*
du	*dein*	***Du** hast **dein** Geld auf der Bank.* *Das ist **deins**.*
er	*sein*	***Er** hat **sein** Geld verschenkt.* *Das ist **seins**.*
sie	*ihr*	***Sie** hat **ihr** Geld investiert.* *Das ist **ihres**.*
es	*sein*	***Es** (das Kind) hat **sein** Geld versteckt.* *Das ist **seins**.*
wir	*unser*	***Wir** wollen **unser** Geld wiederhaben.* *Das ist **unseres**.*
ihr	*euer*	***Ihr** wollt **eure** Aktien verkaufen?* *Sind das **eure**?*
sie	*ihr*	***Sie** wollen **ihr** Geld jetzt anlegen.* *Sie haben **ihres** angelegt.*
Sie	*Ihr*	*Wollen **Sie** mit **Ihrem** Geld spekulieren?* *Wollen Sie mit **Ihrem** spekulieren?*

! Personalpronomen und Possessivwörter stimmen in Person und Numerus überein. Außerdem gibt es in der 3. Person Singular eine Übereinstimmung im Genus.

*Max und ich, wir suchen unsere Schuhe. – Schau mal, **sein** Schuh liegt unter dem Tisch.*

*Das ist nicht Lenas Mantel. **Ihrer** ist dunkelblau.*

Wenn man schon weiß, wer oder was gemeint ist, benutzt man das Possessivpronomen.

Besitz	**Pronomen für den Besitz**
Singular	
Der Hund *ist sehr zutraulich.*	*Das ist mein**er**.*
Die Katze *läuft mir nach.*	*Das ist mein**e**.*
Das Pferd *ist sehr gepflegt.*	*Das ist mein**(e)s**.*
Plural	
*Wem gehören **die Vögel**?*	*Das sind mein**e**.*

! Das Pronomen stimmt mit dem Bezugswort in Numerus und Genus überein.

Die Deklination des Possessivartikels

Singular	**Maskulinum**	**Femininum**	**Neutrum**
Nominativ	*mein Arm*	*meine Hand*	*mein Gesicht*
Akkusativ	*mein**en** Arm*	*meine Hand*	*mein Gesicht*
Dativ	*mein**em** Arm*	*mein**er** Hand*	*mein**em** Gesicht*
Genitiv	*mein**es** Armes*	*mein**er** Hand*	*mein**es** Gesichtes*

Plural	
Nominativ	*meine Beine*
Akkusativ	*meine Beine*
Dativ	*mein**en** Beinen*
Genitiv	*mein**er** Beine*

! Die anderen Possessivartikel werden genauso dekliniert.

Die Deklination des Possessivpronomens

Als **Pronomen** wird das Possessivwort wie der bestimmte Artikel dekliniert.

*Das ist **meiner.** (mein Ring)*

Singular	Maskulinum (der Ring)	Femininum (die Kette)	Neutrum (das Armband)
Nominativ	*mein**er***	*mein**e***	*mein**(e)s****
Akkusativ	*mein**en***	*mein**e***	*mein**(e)s****
Dativ	*mein**em***	*mein**er***	*mein**em***
Genitiv	*mein**es***	*mein**er***	*mein**es***

Plural	
Nominativ	*mein**e***
Akkusativ	*mein**e***
Dativ	*mein**en***
Genitiv	*mein**er***

* In der Endsilbe kann in der gesprochenen Sprache ein ***-e*** ausfallen.

! Bei ***unser*** und ***euer*** kann das ***e*** in folgenden Fällen wegfallen:

Singular	*unser*	*euer*
Maskulinum	*uns**er** Hund*	*eu**er** Hund*
Femininum	*uns**(e)re** Schildkröte*	*eu**(e)re** Schildkröte*
Plural	*uns**(e)re** Kaninchen*	*eu**(e)re** Kaninchen*

Demonstrativpronomen und -artikel

Demonstrativwörter verstärken die Bedeutung des folgenden Substantivs (als Artikel) oder eines zuvor genannten Substantivs (als Pronomen).

*Sie müssen in **diese** Richtung gehen.* (Demonstrativartikel)
*Welches Kleid gefällt Ihnen? – Ich nehme **dieses**.* (Demonstrativpronomen)
*Wir haben über **dieses** und **jenes** gesprochen.* (Demonstrativpronomen)

Demonstrativartikel	Demonstrativpronomen
***Diese** Wurst schmeckt gut.*	*Von **dieser** möchte ich gern 50 Gramm.*
***Jener** Tag war der schönste.*	*Ich habe **jenen** dort gemeint.*

! ***Dieser*** und ***jener*** haben als Artikel und Pronomen die gleiche Deklination. Sie werden wie der bestimmte Artikel dekliniert:

Singular	Maskulinum	Femininum	Neutum
Nominativ	*dies**er** Raum*	*dies**e** Tür*	*dies**es** Fenster*
Akkusativ	*dies**en** Raum*	*dies**e** Tür*	*dies**es** Fenster*
Dativ	*dies**em** Raum*	*dies**er** Tür*	*dies**em** Fenster*
Genitiv	*dies**es** Raumes*	*dies**er** Tür*	*dies**es** Fensters*
Plural			
Nominativ	*dies**e** Räume*		
Akkusativ	*dies**e** Räume*		
Dativ	*dies**en** Räumen*		
Genitiv	*dies**er** Räume*		

! Die Kurzform von ***dieses*** als Pronomen ist ***dies***, wenn man sich auf einen Satz oder eine Wortgruppe bezieht.
***Dies** musst du dir merken!*

Auch ***der, die, das*** können als Demonstrativartikel und -pronomen gebraucht werden.

Demonstrativartikel **Demonstrativpronomen**

***Der Wein** schmeckt mir gut.* ***Den** kaufe ich immer in Frankreich.*

! Wenn man sich auf eine ganze vorher genannte Aussage bezieht, wird häufig ***das*** benutzt:
*Ich bin umgezogen. – **Das** habe ich noch gar nicht gewusst.*
*Ich habe einen kleinen Bruder. – **Das** glaube ich dir nicht.*

Der, ***die***, ***das*** als Demonstrativartikel werden wie der bestimmte Artikel dekliniert. ► S. 8f.

Als Demonstrativpronomen werden ***der***, ***die***, ***das*** bis auf den Genitiv wie der bestimmte Artikel dekliniert.

Genitiv	Maskulinum	Femininum	Neutrum
Singular	*dessen*	*deren*	*dessen*
Plural		*deren/derer*	

Der Genitiv wird sehr selten gebraucht.

solcher, solche, solches – ***Solche*** *Ideen kannst nur du haben!*

Diese Pronomen beziehen sich auf etwas vorher Genanntes und haben die Bedeutung von: ***so einer, so eine, so eines***.

Artikelwort	**Pronomen**
Das ist aber schmutzige Wäsche.	
Solche Wäsche *kommt sofort in die Waschmaschine.*	***Solche*** *kommt sofort in die Waschmaschine.*

! ***Solcher*** wird wie ***dieser*** dekliniert.

! Im Genitiv Maskulinum und Neutrum kann statt ***-es*** ein ***-en*** stehen, wenn nach dem Pronomen ein Substantiv mit Endung ***-(e)s*** folgt.

Maskulinum	Femininum	Neutrum
*solch**es** Rat(e)s*	*solch**er** Methode*	*solch**es** Glück(e)s*
*solch**en** Rat(e)s*		*solch**en** Glück(e)s*

solch (ohne Endung) – *Solch ein Pech!*

In diesem Fall steht ***solch*** in Verbindung mit ***ein***.
Solch verändert sich nicht, nur der unbestimmte Artikel:
solch *ein netter Mensch,* ***solch*** *ein**e** nette Frau,* ***solch*** *ein nettes Kind.*

! ***Solch*** klingt manchmal etwas literarisch. Viel häufiger benutzt man einfach das Wörtchen ***so***: ***So*** *ein netter Mensch!*

Zusammengesetzte Demonstrativpronomen und -artikel

derselbe, dieselbe, dasselbe – *Ich habe* ***dasselbe*** *Gefühl wie du.*

Diese Demonstrativwörter drücken eine Identität aus. Sie werden mit dem **bestimmten Artikel** und ***selb(st)*** gebildet.

Demonstrativartikel	**Demonstrativpronomen**
Du hörst immer ***dieselbe CD.***	*Das stimmt nicht. Es ist nicht* ***dieselbe.***

Singular	Maskulinum	Femininum	Neutrum
Nominativ	*der**selbe Schuh*	*die**selbe Sandale*	*das**selbe Paar*
Akkusativ	*den**selben Schuh*	*die**selbe Sandale*	*das**selbe Paar*
Dativ	*dem**selben Schuh*	*der**selben Sandale*	*dem**selben Paar*
Genitiv	*des**selben Schuhes*	*der**selben Sandale*	*des**selben Paar(e)s*

Plural	
Nominativ	***die**selben* *Schuhe*
Akkusativ	***die**selben* *Schuhe*
Dativ	***den**selben* *Schuhen*
Genitiv	***der**selben* *Schuhe*

! Unterschied zwischen ***dasselbe*** und ***das gleiche:***
dasselbe = identisch, gibt es nur einmal
das gleiche = zwei unterschiedliche Dinge gleichen sich völlig
Dasselbe *Kleid hattest du doch gestern schon an!* (genau dieses)
Ich habe mir ***das gleiche*** *Kleid gekauft.* (es sieht genau so aus)

derjenige, diejenige, dasjenige

Derjenige, *der Deutsch lernen will, besucht einen Kurs.*

Diese Wörter verweisen auf einen nachfolgenden Nebensatz. Sie werden mit dem **bestimmten Artikel** und ***-jenig*** gebildet.

Demonstrativartikel
Diejenigen Eltern*, die beim Renovieren der Schule helfen wollen, treffen sich um 8 Uhr.*

Demonstrativpronomen
Diejenigen*, die nicht helfen, können Geld spenden.*

! Artikel und Pronomen werden wie *derselbe/dieselbe/dasselbe* dekliniert.

Relativpronomen und Interrogativpronomen und -artikel

Die Relativpronomen *der, die, das*

Diese Pronomen beziehen sich auf etwas, das bereits erwähnt wurde. Sie können Relativsätze einleiten. Genus und Numerus des Relativpronomens hängen von dem Wort ab, auf das sie sich beziehen.

Der Mann*, mit* ***dem*** *ich gesprochen habe, will die Wohnung vermieten.*

der Mann, dem: Singular, maskulin
Der Kasus hängt dagegen vom Verb oder einer Präposition im Relativ- oder Fragesatz ab.
der Mann: Nominativ; ***dem:*** Dativ (wegen der Präposition ***mit***)
► Präpositionen mit Dativ, S. 120 f.

Dies sind häufig benutzte Relativpronomen.

Ein Mann, der *Langeweile hatte, lernte plötzlich die deutsche Grammatik.* ***Seine Frau, die*** *das sah, lernt jetzt auch.* ***Ihr Kind, das*** *die Grammatik schon kennt, ist froh.*

Das Pronomen wird wie *der, die, das* als **Demonstrativpronomen** dekliniert.

	Singular			**Plural**
	Maskulinum	**Femininum**	**Neutrum**	
Nominativ	*der*	*die*	*das*	*die*
Akkusativ	*den*	*die*	*das*	*die*
Dativ	*dem*	*der*	*dem*	*denen*
Genitiv	*dessen*	*deren*	*dessen*	*deren*

welcher, welche, welches

Diese Wörter kommen als Relativpronomen sowie als Interrogativpronomen und -artikel vor.

Relativpronomen

Welcher, welche, welches als Relativpronomen wird seltener als *der, die, das* benutzt und ist eher Teil der Schriftsprache.

Ein Mann, ***welcher*** *Langweile hatte, spielt jetzt Schach.*

Interrogativpronomen und -artikel

Welcher, welche, welches als Interrogativwort bezieht sich auf das folgende Substantiv und leitet eine Ergänzungsfrage ein.
► Ergänzungsfragen, S. 141

Welches *Hemd soll ich anziehen?*
Welches *ist dein Hemd? Das weiße oder das blaue?*

! Sie werden wie *der, die, das* als **Relativpronomen** dekliniert.

Pronomen *wer* und *was*

Wer und *was* werden als Relativ- und Interrogativpronomen benutzt. Genus und Numerus spielen keine Rolle.

Relativpronomen
Wer *zu spät kommt, (der) muss die Reste essen.*
Das ist genau das, ***was*** *mich aufregt.*

Interrogativpronomen
Wer *kann mir helfen?*
Was *hat das schon zu sagen?*
Ich frage mich, ***was*** *dieser Satz bedeutet.*

Wer sucht, der findet.

! Das Pronomen ***wer*** kann zusammen mit einer Präposition stehen. Es bezieht sich immer auf Personen.

Mit wem *sollen wir spielen?* ***Über wen*** *habt ihr gelacht?* ***Von wem*** *sind die Äpfel?*

Für einen Rückbezug auf Dinge oder Abstraktes siehe
▶ Pronominaladverbien, S. 132 f.

Die Verwendung von *was*

was	ersetzt Indefinita	*In der Stadt ist* ***was (etwas)*** *los.*
was	im Relativsatz bezieht sich auf *das*	***Das*** *ist es,* ***was*** *ich meine.*
was	steht als Relativpronomen und bezieht sich auf einen substantivierten Superlativen	*Berlin bei Nacht ist* ***das Schönste, was*** *ich mir vorstellen kann.*
was	steht nach Pronomen, die etwas Indefinites bezeichnen	*Ich kaufe dir* ***alles, was*** *du willst.* ***Manches/Vieles/Nichts/Einiges/ Weniges****, was in der Zeitung steht, ist falsch.*
was	im Nebensatz kann für einen Teilsatz stehen	***Er ging zur Tür hinaus, was*** *keiner bemerkte.*
was	kann nach einer Ordinalzahl folgen	*Das* ***Erste, was*** *ich nach dem Aufwachen sah, war der weiße Schnee.*

Deklination von *wer* und *was*

	bei Personen	**bei Sachen**
Nominativ	*wer*	*was*
Akkusativ	*wen*	*was*
Dativ	*wem*	*was*
Genitiv	*wessen*	*wessen*

was für ein/eine?

Mit *was für ein?* fragt man nach der Eigenschaft einer Sache oder Person. In der Antwort benutzt man den unbestimmten Artikel.

Was für einen *Mantel möchten Sie?* — *Einen schwarzen.*
Was für ein *Mensch ist das nur?* — *Ein ganz gemeiner.*

! ***Was für*** verändert sich nicht. ***Ein*** wird wie der **unbestimmte Artikel** dekliniert. ▶ Unbestimmter Artikel, S. 9
Es gibt keine Pluralform, man benutzt dann ***welche***.

Die Indefinitpronomen und -artikel

Indefinitpronomen bezeichnen Personen oder Sachverhalte in unbestimmter, allgemeiner Weise.
Da diese Pronomen formal sehr unterschiedlich sein können, werden sie in der folgenden Übersicht nach der Art ihrer Deklination gegliedert.
Sie treten als Artikel und Pronomen auf.

Indefinitpronomen, die wie der bestimmte Artikel *(der, die, das)* dekliniert werden

alle

Alle bezeichnet immer etwas im Plural und meint die Gesamtheit von Personen oder Dingen.
Es kann im Singular stehen, wenn es sich auf Abstrakta und Stoffe bezieht.

aller *Reichtum,* ***alle*** *Kleidung,* ***alles*** *Geld*

Indefinitartikel	**Indefinitpronomen**
Ich habe ***alle*** Kekse gegessen und mit ***allen*** Gästen gesprochen.	***Alle*** warteten vor der Tür. Ich habe ***alles*** vorbereitet.

! In Verbindung mit einem Personalpronomen steht erst das Personalpronomen und dann ***alle***.

Sie alle *wollen kommen.*

all

All hat keine Endung, wenn es vor einem anderen Pronomen steht.

All *sein Wissen stand in diesem Buch.*
All *die guten Wünsche freuen mich sehr.*

beide

Beid- bezeichnet zwei Personen oder Sachen.

Artikelwort
Als die ***beiden Männer*** *um die Ecke kamen, lief ich weg.*

Pronomen
Als die ***beiden*** *mir gratulierten, freute ich mich.*

einige, etliche, mehrere

Diese Wörter stehen für eine unbestimmte, nicht allzu große Menge.

Indefinitartikel
Wir sind ***einige Meter*** *gegangen.*
Mein Opa hat ***Etliches*** *erlebt.*

Indefinitpronomen
Wir haben ***einige*** *getroffen.*

jeder

Jeder hat keinen Plural. Es bezeichnet alle Einzelnen in einer Gruppe.

Indefinitartikel
Jedes Kind *isst gern Schokolade.*

Indefinitpronomen
Das mag doch ***jeder***.

Jedem das Seine.

manch(er), manche, manches

Dieses Pronomen bezeichnet eine kleinere **unbestimmte Anzahl** von Personen oder Sachen.

Indefinitartikel
Manche Leute *lernen es nie.*

Indefinitpronomen
Manche *lernen umso schneller.*

Manche wird wie *solch-* auch ohne Endung gebraucht.
Manch *ein schöner Tag /* ***Manch*** *schöner Tag ist schnell vorbei.*

sämtlicher, sämtliche, sämtliches

Dieses Wort tritt fast immer als Artikelwort auf. Es hat die Bedeutung von *alle, ganz* oder *vollständig*. Im Singular steht es nur mit unzählbaren Dingen oder Abstrakta.

*Wir haben **sämtliche** Räume durchsucht und nichts gefunden.*
***Sämtliches** Geschirr ist kaputt gegangen.* (*Geschirr* = unzählbar)
***Sämtliche** Mühe war umsonst.* (*Mühe* = Abstraktum)

! Deklination wie der bestimmte Artikel, wobei Pronomen die Endung ***-en*** haben können, wenn das Substantiv ein Genitiv-***s*** hat:

*sämtlich**en** Mülls* nicht: *sämtlich**es** Mülls*

welche

Indefinitpronomen
Bezug auf ein vorher genanntes, nicht zählbares Substantiv im Singular oder Substantiv im Plural ohne Artikel.

*Ich habe keine Kartoffeln mehr. Hast du noch **welche?***

einer, eine, eines; keiner, keine, keines

Diese Wörter bezeichnen eine unbestimmte Person oder Sache oder negieren sie. ***Einer*** gibt es nur im Singular, im Plural benutzt man ***welche***.

*Hast du mein Deutschbuch gesehen? – Nein, aber gestern lag **ein(e)s** auf meinem Schreibtisch.*
*Apfelsinen! Kann ich **welche** haben?*

Negativartikel	**Pronomen**
***Kein Mensch** konnte das wissen.*	***Keiner** konnte das ahnen.*

Deklination bei Verwendung als Pronomen

	Singular			**Plural**
	Maskulinum	**Femininum**	**Neutrum**	
Nominativ	*(k)einer*	*(k)eine*	*(k)ein(e)s*	*keine*
Akkusativ	*(k)einen*	*(k)eine*	*(k)ein(e)s*	*keine*
Dativ	*(k)einem*	*(k)einer*	*(k)einem*	*keinen*
Genitiv	*(k)eines*	*(k)einer*	*(k)eines*	*keiner*

irgendein, irgendeiner, irgendeine, irgendeines

Die Unbestimmtheit wird verstärkt. Im Plural benutzt man ***irgendwelche***.

Indefinitartikel	**Indefinitpronomen**
Irgendein Monteur *war da.*	***Irgendeiner*** *war da.*

Indefinitpronomen und -artikel, die nicht dekliniert werden

ein bisschen	***ein paar***	***ein wenig***
ein bisschen *Milch*	***ein paar*** *Tränen*	***ein wenig*** *Zucker in den Tee*

Diese Wörter verändern sich nicht. Sie bezeichnen eine unbestimmte, kleine Menge. Man kann sie nicht deklinieren.

In Verbindung mit substantivierten Adjektiven stehen folgende Indefinitwörter: ***alles, nichts, viel, wenig, allerlei, mancherlei, etwas, irgendetwas*** etc.

Indefinitartikel	**Indefinitpronomen**
Du kannst mal ***etwas Neues*** *anziehen.*	***Irgendetwas*** *stimmt nicht. – Das musst du schon genauer sagen.*
Kurzform: *was*	Kurzform: *irgendwas*

Nichts ist die Verneinung von ***etwas*** und wird nicht dekliniert.

Möchten Sie mit mir tanzen? ***Nichts*** *ist mir lieber als das.*

Indefinitartikel	**Indefinitpronomen**
Es gibt leider ***nichts Neues****.*	*Da ist doch* ***nichts*** *dabei.*

Indefinitpronomen mit besonderer Deklination

Sie treten alle nur als Pronomen auf.

jemand, irgendjemand

Eine unbestimmte Person ist gemeint (ohne Genusmerkmal).

! Nominativ: *jemand*
Akkusativ: *jemand(en)*
Dativ: *jemand(em)*

Ich kenne ***jemanden****, der gut pfeifen kann.*
Jemand *hat für dich angerufen.*

niemand

Niemand ist die Verneinung von ***jemand*** und wird ebenso dekliniert.

Niemand *hat angerufen.*
Das interessiert ***niemanden****.*

man

Meistens steht man für allgemeine Aussagen oder Fakten.

Nominativ	man
Akkusativ	einen
Dativ	einem
Genitiv	--

Da kann ***man*** *nichts machen.*
Das muss ***einem*** *erklärt werden.*

4 Das Adjektiv

Adjektive sind Wörter, die besondere Eigenschaften und Merkmale bezeichnen. Mit ihnen kann man

- **beschreiben, wie jemand oder etwas ist:**
  Personen: *Du bist aber **ungeduldig**. – der **ungeduldige** Mann*
  Dinge: *Das Ei ist nicht **weich,** sondern **hart**. – ein **hartes** Ei*
  Vorgänge: *Die Fahrt war **lang**. – die **lange** Fahrt*
  Zustände: *Sie ist **nüchtern**. – Kommen Sie in **nüchternem** Zustand!*
- **sagen, wie jemand etwas tut:**
  *Er arbeitet **schnell**.*
  *Sie atmet **tief**.*
- **jemanden oder etwas vergleichen:**
  *Meine Freundin ist **größer** als ich, aber ich bin **stärker.***

Adjektive lassen sich **steigern:**
schön – schöner – am schönsten
klein – kleiner – am kleinsten
gut – besser – am besten

... und **deklinieren:**
*Sie trinkt morgens immer **schwarzen** Kaffee.*
*Er steigt auf den **hohen** Berg.*
*Ich nehme einen **warmen** Apfelstrudel.*

Die Deklination des Adjektivs

Das Adjektiv wird im Satz auf verschiedene Weise gebraucht.
Steht es **vor** dem Substantiv, dann wird es dekliniert. Wenn es **nach** dem Substantiv steht, bleibt es undekliniert.

Adjektiv vor Substantiv	Adjektiv nach Substantiv
*der **charmante** Mann*	*Der Mann ist **charmant**.*
*die **schöne** Helena*	*Helena ist **schön**.*
*Großmutter liebt **süßen** Likör.*	*Der Likör schmeckt **süß**.*
! Das Adjektiv stimmt in Numerus, Genus und Kasus mit dem Substantiv überein.	Das Adjektiv verändert sich nicht. Es steht in der Grundform.

Das Adjektiv kann das Substantiv näher erklären und steht dann mit einem bestimmten Artikel (***die süße** Limonade*), mit einem unbestimmten Artikel (***eine süße** Limonade*), anderen Artikelwörtern, z. B. Possessivpronomen (***meine süße** Limonade*), oder ohne Artikelwort (***süße** Limonade*).

! Die Genusendung **-r** oder **-s** im Nominativ und Akkusativ wird nur einmal vergeben: entweder beim bestimmten Artikel oder beim Adjektiv. In allen anderen Fällen ist die Adjektivendung **-e** oder **-(e)s**.

*d**er** Wein:*	*rot**er** Wein, ein rot**er** Wein, d**er** rote Wein*
*da**s** Bier:*	*kalt**es** Bier, ein kalt**es** Bier, da**s** kalte Bier*

Es ist auch möglich, dass zwei Adjektive gleichrangig nebeneinanderstehen. Dann haben beide die gleiche grammatische Endung.

*klar**er** russisch**er** Wodka*
*die schlank**e** zierlich**e** Frau*
*ein elegant**er** sportlich**er** Anzug*

Außerdem können Adjektive auch zusammengesetzt werden:

*Im Chinarestaurant kann man Ente **süßsauer** bestellen.*
*Mir schmeckt **halbtrockener** Sekt besser als süßer Sekt.*

Auch die Variante mit Bindestrich (-) ist möglich. Nur das letzte Adjektiv erhält dann eine grammatische Endung.

***medizinisch-technischer** Assistent*
***deutsch-tschechische** Freundschaft*

Das Adjektiv ohne Artikel

Da die Adjektivendungen die Merkmale für Numerus, Genus und Kasus tragen, wird diese Deklination auch **starke Deklination** genannt (▶ vgl. Der bestimmte Artikel, S. 8 f.).

Singular			
	Maskulinum	**Neutrum**	**Femininum**
Nominativ	*frisch**er** Teig*	*frisch**es** Ei*	*frisch**e** Sahne*
Akkusativ	*frisch**en** Teig*	*frisch**es** Ei*	*frisch**e** Sahne*
Dativ	*frisch**em** Teig*	*frisch**em** Ei*	*frisch**er** Sahne*
Genitiv	*frisch**en** Teiges*	*frisch**en** Ei(e)s*	*frisch**er** Sahne*
Plural			
Nominativ	*frisch**e** Kuchen*		
Akkusativ	*frisch**e** Kuchen*		
Dativ	*frisch**en** Kuchen*		
Genitiv	*frisch**er** Kuchen*		

Leicht gemerkt!

Die Adjektivendungen ohne Artikel im Überblick:

	Singular			**Plural**
	Maskulinum	**Neutrum**	**Femininum**	
Nominativ	*-er*	*-es*	*-e*	*-e*
Akkusativ	*-en*	*-es*	*-e*	*-e*
Dativ	*-em*	*-em*	*-er*	*-en*
Genitiv	***-en***	***-en***	*-er*	*-er*

! Nach einigen indefiniten Artikelwörtern und Zahlwörtern haben Adjektive und Begleitwörter die gleiche Endung: ***einige, mehrere, viele, wenige, sämtliche, etwas***.

*Mit **einigen kräftigen** Männern haben wir das Boot getragen.*
*Sie hat **viele neue** Hüte im Schrank.*

Das Adjektiv nach bestimmtem Artikel

Nicht das Adjektiv, sondern der Artikel trägt die Merkmale für Numerus, Genus und Kasus. Darum wird diese Deklination auch **schwache Deklination** genannt. Die folgende Tabelle zeigt, welche Adjektivendungen nach dem bestimmten Artikel ***der, die, das*** auftreten.

*Dieses schön**e** Kleid gefällt mir gut.*
*Jener groß**e** Mann arbeitet in meinem Büro.*
*Beide alt**en** Frauen leben im Haus neben mir.*

Singular			
	Maskulinum	**Neutrum**	**Femininum**
Nominativ	*der groß**e** Fisch*	*das groß**e** Boot*	*die groß**e** Welle*
Akkusativ	*den groß**en** Fisch*	*das groß**e** Boot*	*die groß**e** Welle*
Dativ	*dem groß**en** Fisch*	*dem groß**en** Boot*	*der groß**en** Welle*
Genitiv	*des groß**en** Fisches*	*des groß**en** Bootes*	*der groß**en** Welle*
Plural			
Nominativ	*die groß**en** Boote*		
Akkusativ	*die groß**en** Boote*		
Dativ	*den groß**en** Booten*		
Genitiv	*der groß**en** Boote*		

! Nur der Artikel signalisiert Numerus, Genus und Kasus. Die Adjektive haben die Endungen *-**e*** und *-**en***.
Genauso gilt dies nach den Artikelwörtern: ***dies-, jen-, manch-, jed-, all-, beid-, solch-***.

Leicht gemerkt!

Die Adjektivendungen mit bestimmtem Artikel im Überblick:

	Singular			**Plural**
	Maskulinum	**Neutrum**	**Femininum**	
Nominativ	*-e*	*-e*	*-e*	*-en*
Akkusativ	*-en*	*-e*	*-e*	*-en*
Dativ	*-en*	*-en*	*-en*	*-en*
Genitiv	*-en*	*-en*	*-en*	*-en*

Das Adjektiv nach unbestimmtem Artikel

Bei dieser Deklination findet man Adjektivendungen aus der starken und schwachen Deklination. Dehalb nennt man sie **gemischte Deklination**.

Singular			
	Maskulinum	**Neutrum**	**Femininum**
Nominativ	*ein grün**er** Apfel*	*ein neu**es** Boot*	*eine klein**e** Birne*
Akkusativ	*einen grün**en** Apfel*	*ein neu**es** Boot*	*eine klein**e** Birne*
Dativ	*einem grün**en** Apfel*	*einem neu**en** Boot*	*einer klein**en** Birne*
Genitiv	*eines grün**en** Apfels*	*eines neu**en** Bootes*	*einer klein**en** Birne*

Im Plural fällt der unbestimmte Artikel weg. Der genauso deklinierte Negationsartikel ***kein*** hat aber einen Plural:

Plural (mit ***kein***)	
Nominativ	*keine teur**en** Früchte*
Akkusativ	*keine teur**en** Früchte*
Dativ	*keinen teur**en** Früchten*
Genitiv	*keiner teur**en** Früchte*

Plural (ohne Artikel)	
Nominativ	*teur**e** Früchte*
Akkusativ	*teur**e** Früchte*
Dativ	*teur**en** Früchte*
Genitiv	*teur**er** Früchte*

Leicht gemerkt!

Die Adjektivendungen mit unbestimmtem Artikel im Überblick:

	Singular			**Plural**
	Maskulinum	**Neutrum**	**Femininum**	
Nominativ	*-er*	*-es*	*-e*	*-en*
Akkusativ	*-en*	*-es*	*-e*	*-en*
Dativ	*-en*	*-en*	*-en*	*-en*
Genitiv	*-en*	*-en*	*-en*	*-en*

! Diese Tabelle gilt auch für den Negationsartikel ***kein*** und die Possessivartikel ***mein, dein, sein*** usw.

Besonderheiten bei der Deklination

Wegen der besseren Aussprache verlieren manche Adjektive bei der Deklination das -e.

- Adjektive mit der Endung ***-el:***
  *miserabel – Er hatte heute eine **miserable** Laune.*
  *dunkel – Im Herbst ist es **dunkler** als im Frühling.*
- Adjektive mit der Endung ***-er***
  *sauer – Ich will eine **saure** Gurke essen.*
  *teuer – Die **teure** Bluse kaufe ich mir ausnahmsweise.*
- Bei dem Adjektiv *hoch* fällt das **-c** weg.
  *hoch – der **hohe** Turm*
  *die **hohe** Wand*
  *das **hohe** Haus (*aber: *das **Hoch**haus)*

> Schreiben Sie zehn Substantive und Adjektive, die Ihnen gefallen, auf verschiedenfarbige Kärtchen. Ziehen Sie davon jeweils ein Substantiv und ein Adjektiv und deklinieren Sie die Wortpaare – mal mit, mal ohne einen Artikel.

Manche Adjektive werden nicht dekliniert. Zu dieser kleinen Gruppe gehören:

- einige Farbadjektive, die auf Vokal enden, z. B.:
  *Sie trug einen **rosa** Wollpullover.*
  *Der **lila** Rock passte aber nicht dazu.*
- die Grundzahlen ► S. 55 ff.
  *Wir fahren für **fünf** Wochen ganz weit weg.*
  *Zu Weihnachten haben wir **vier** Tage frei.*
- Adjektive, die von Städten oder geografischen Namen abgeleitet wurden, mit der Endung ***-er:***
  *der **Berliner** Bär, dem **Wiener** Würstchen, des **Kölner** Doms*

Substantivierte Adjektive

Das substantivierte Adjektiv kann eine starke und eine schwache Endung haben. Es gelten dieselben Regeln wie für die Adjektive.
▶ Deklination der Adjektive, S. 44 ff.

starke Adjektivendung	**schwache Adjektivendung**
Neue *sind in diesem Kurs willkommen.*	*Die* ***Neuen*** *sind in diesem Kurs willkommen.*
Ein ***Neuer*** *kam ins Büro.*	*Der* ***Neue*** *ist ein bisschen schüchtern.*
Wichtiges *muss man von* ***Unwichtigem*** *trennen.*	*Das* ***Wichtige*** *lernen wir zuerst.* *Alles* ***Wichtige*** *haben wir besprochen.*

Andere Wortarten als Adjektive

Die meisten Adjektive werden aus anderen Wortarten abgeleitet:

- Mit Hilfe der Suffixe ***-bar, -haft, -ig, -isch, -lich*** können aus Substantiven und Verben **Adjektive** werden. ▶ Suffixe, S. 107

  der Traum – ***traumhaft*** *fahren –* ***fahrbar***
  die Jugend – ***jugendlich*** *erfinden –* ***erfinderisch***

- Auch Partizipien der Gegenwart und Vergangenheit können als Adjektive verwendet werden. ▶ Partizipien, S. 75 f.

  der ***kochende*** *Tee* Bedeutung: Er kocht gerade.
  das ***geparkte*** *Auto* Bedeutung: Das Auto wurde geparkt.

Die Steigerungsformen

Für Vergleiche kann man Adjektive in drei Stufen darstellen:

Positiv	**Komparativ**	**Superlativ**
klein	*kleiner*	*am kleinsten*
Der Däumling ist so ***klein*** *wie ein Daumen.*	Grundform + **-er** *Der Däumling ist* ***kleiner*** *als ein Kind.*	Grundform + **-sten** *Der Däumling ist* ***am kleinsten*** *von allen.*

Es wird eine Gleichheit beschrieben.	Es wird eine Ungleichheit beschrieben.	Das ist die höchste Stufe des Vergleichs.
dick	*dicker*	*am dicksten*
groß	*größer*	*am größten*

Komparativ und Superlativ werden wie der Positiv dekliniert. Es gibt also auch hier **starke** und **schwache** Endungen.

Ich habe ***frisches*** *Gemüse gekauft.* (Positiv)
Mit dem ***frischeren*** *Gemüse schmeckt die Suppe besser.* (Komparativ)
Das ***frischeste*** *Gemüse kauft man auf dem Markt.* (Superlativ)

!
- Endung ***-est*** im Superlativ nach Adjektiven mit ***-d, -t, -s, -ss, -ß, -sch, -z, -tz, -x*** bei **betonter** Endsilbe
  rund *runder* *am rund**est**en*
  nass *nasser* *am nass**est**en*
- Umlaut bei Komparativ und Superlativ in einigen kurzen Wörtern: *a,o,u* wird zu *ä,ö,ü*
  arm ***ä**rmer* *am **ä**rmsten*
  grob *gr**ö**ber* *am gr**ö**bsten*
  klug *kl**ü**ger* *am kl**ü**gsten*
- Im Komparativ fällt ein **-e** weg (▶ vgl. S. 49)
  teuer *teurer* *am teuersten*
  sauer *saurer* *am sauersten*

Unregelmäßige Steigerungsformen

Die unregelmäßigen Steigerungsformen folgen keiner Regel. Darum ist es gut, die Adjektive mit diesen Formen zu lernen.

Positiv	Komparativ	Superlativ
gut	*besser*	*am besten*
hoch	*höher* (ohne *c*)	*am höchsten*
nah	*näher*	*am nächsten* (mit *c*)
neidisch	*neidischer*	*am neidischsten* (ohne *e*)
viel	*mehr*	*am meisten*

Verstärkung von Adjektiven

Manchmal möchte man eine Eigenschaft besonders betonen. Das Adjektiv wird dann durch ein **Adverb** positiv oder negativ verstärkt.
► Modaladverbien, S. 130

Die Adverbien der Verstärkung:

- ***sehr*** – *Das war eine **sehr** teure Kette.*
- ***besonders*** – *Das war eine **besonders** teure Kette.*
- ***ganz*** – *Das war eine **ganz** teure Kette.*
- ***recht*** – *Das war eine **recht** teure Kette.*
- ***ziemlich*** – *Die Kette war **ziemlich** teuer.*
- ***äußerst*** – *Die Kette war **äußerst** teuer.*

! In der Umgangssprache werden häufig Adjektive mit negativer Bedeutung benutzt, um die Bedeutung eines anderen Adjektivs zu steigern, z.B.: *fürchterlich, wahnsinnig, irre, furchtbar, brutal.*

*Ich finde dich **schrecklich** nett. – Ich kann dich **irre** gut leiden.*

Man kann Adjektive auch abschwächen, z.B. mit *einigermaßen*. ***Einigermaßen*** hat die Bedeutung von: *Es geht so. Es könnte besser sein.*
*Ich fühle mich **einigermaßen** sicher in der Grammatik.*

Leicht gemerkt!

Bei der Deklination der Adjektive sind drei Endungen möglich: ***-e, -en, -em***; zusätzlich nur im Nominativ und Akkusativ ***(e)r*** und ***(e)s.***

Bei der Steigerung gibt es folgende Suffixe:
-er im Komparativ (*schöne Ferien → schön**ere** Ferien*)
-(e)st im Superlativ (*die schön**st**en Ferien*)

Denken Sie bei der Steigerung an die Umlaute und andere Besonderheiten!

Adjektive kann man sich sehr gut mit Gegensätzen merken:

groß – klein, schwarz – weiß, offen – geschlossen, falsch – richtig, kalt – heiß etc.

Merken Sie sich die Gegensatzpaare am besten mit kleinen Sätzen:

*Im **heißen** Sommer esse ich am liebsten **kaltes** Eis.*

Nutzen Sie die Gegensatzpaare auch für das Deklinationsspiel oben:
*Ich schütte **kalte** Milch in den **heißen** Kaffee. **Heißer** Kaffee schmeckt nur mit **kalter** Milch.* etc.

5 Die Zahlen

Zahlen und Zahlwörter braucht man bei vielen Gelegenheiten, z. B.:

- bei der Angabe der Uhrzeit: *Es ist **zwölf** Uhr.*
- bei der Angabe der Anzahl: *Das ist ein Zimmer für **vier** Personen.*
- bei Mengenangaben: ***Fünfhundert** Gramm Möhren kosten **zwei** Euro.*
- bei der Angabe des Alters: *Sie ist erst **ein** Jahr alt.*

Zahlwörter kann man in vier große Gruppen einteilen: Grundzahlen, Ordnungszahlen, Bruchzahlen, sonstige Zahlwörter.

Grammatisch kann das Zahlwort in folgender Form auftreten:

- als Substantiv: *Er startet im Marathon mit der **Fünf**.*
  ▶ Substantive, S. 14 ff.
- als Adjektiv: *Die **vier** Stadtmusikanten kommen aus Bremen.*
  ▶ Adjektive, S. 44 ff.

Das Zahlwort als Adjektiv

Wenn das Zahlwort vor dem Substantiv steht, spricht man von einem **Zahladjektiv.** Es bestimmt dann das Substantiv näher.

Es gibt zwei Gruppen von Zahladjektiven:

das bestimmte Zahladjektiv	**das unbestimmte Zahladjektiv**
*die **vier** Jahreszeiten* *die **fünf** Kontinente*	***einzelne** Personen* ***viele** Menschen* ebenso: ***sonstige, wenige, weitere …***
Angabe einer bestimmten Menge	**Angabe einer unbestimmten Menge**
In diese Gruppe gehören: Grundzahlen (Kardinalzahlen) Bruchzahlen Ordnungszahlen	Einige weitere Wörter können diese Funktion auch übernehmen: ***ein bisschen** Regen, **ein paar** Leute*

Normalerweise werden Zahlen **nicht dekliniert.** Die Ordnungszahlen werden jedoch wie Adjektive dekliniert.

Die Grundzahlen (Kardinalzahlen)

	Einer	10-19	20-29	Zehner	
0	*null*	*zehn*	*zwanzig*		
1	*eins*	***elf***	*einundzwanzig*	*zehn*	10
2	*zwei*	***zwölf***	*zweiundzwanzig*	*zw**an**zig*	20
3	*drei*	*dreizehn*	*dreiundzwanzig*	*drei**ß**ig*	30
4	*vier*	*vierzehn*	*vierundzwanzig*	*vierzig*	40
5	*fünf*	*fünfzehn*	*fünfundzwanzig*	*fünfzig*	50
6	*sechs*	*sechzehn* **(ohne -*s*)**	*sechsundzwanzig*	*sechzig* **(ohne -*s*)**	60
7	*sieben*	*siebzehn* **(ohne -*en*)**	*siebenundzwanzig*	*siebzig* **(ohne -*en*)**	70
8	*acht*	*achtzehn*	*achtundzwanzig*	*achtzig*	80
9	*neun*	*neunzehn*	*neunundzwanzig*	*neunzig*	90

! Man liest zweistellige Zahlen rückwärts!

19 → ***neunzehn***

27 → ***siebenundzwanzig***

100-900

100	(ein)hundert	600	sechshundert
200	zweihundert	700	siebenhundert
300	dreihundert	800	achthundert
400	vierhundert	900	neunhundert
500	fünfhundert		

1 000 – 1 000 000

1 000	(ein)tausend	30 000	dreißigtausend
2 000	zweitausend	100 000	(ein)hunderttausend
3 000	dreitausend	200 000	zweihunderttausend
10 000	zehntausend	1 000 000	eine Million
11 000	elftausend	1 000 000 000	eine Milliarde

Kombinationen

340	dreihundertvierzig
578	fünfhundertachtundsiebzig
2 466	zweitausendvierhundertsechsundsechzig
15 350	fünfzehntausenddreihundertfünfzig
370 711	dreihundertsiebzigtausendsiebenhundertelf
1 500 000	eine Million fünfhunderttausend

Ab einer Million € werden die Kardinalzahlen als Wort nicht mehr zusammengeschrieben.
eine Million siebenhundertachtzigtausend

! **eins** – kann als Zahlwort nicht vor einem Substantiv stehen. Deshalb benutzt man den unbestimmten Artikel, der entsprechend dekliniert werden muss. ▶ Unbestimmter Artikel, S. 9
*Mit **einem** Schuh kommt man nicht weit.*

Lust auf Mathematik?

Schreibweise	**gesprochen**
Addition: 5 + 3 = 8	*Fünf plus drei ist (gleich) acht.*
Subtraktion: 11 - 6 = 5	*Elf minus sechs ist (gleich) fünf.*
Multiplikation: 4 × 3 = 12	*Vier mal drei ist (gleich) zwölf.*
Division: 12 : 6 = 2	*Zwölf (geteilt) durch sechs ist (gleich) zwei.*

Die Dezimalzahlen:

Schreibweise	**gesprochen**
0,5	*null Komma fünf*
3,4	*drei Komma vier*
11,89	*elf Komma acht neun*

Die Währungen im deutschsprachigen Raum

Währung für Deutschland und Österreich

12 €	*zwölf Euro*
4,50 €	*vier Euro fünfzig (Cent)*

Währung für die Schweiz

1,- sfr/sFr	*ein (Schweizer) Franken*
1,80 sfr/sFr	*ein Franken achtzig (Rappen)*

Die Jahreszahlen

1989 – *neunzehnhundertneunundachtzig*
1543 – *fünfzehnhundertdreiundvierzig*
2001 – *zweitausend(und)eins*

Im Satz kann man die Jahreszahlen folgendermaßen verwenden:

2005 *hatten wir Besuch aus Afrika.*
oder: ***Im Jahr(e) 2005*** *hatten wir Besuch aus Afrika.*

Die Uhrzeit

Im Deutschen gibt es zwei Möglichkeiten, die Uhrzeit auszudrücken. Es gibt eine *offizielle* Zeitangabe, wie in den Nachrichten, und eine *umgangssprachliche*, die man im täglichen Sprachgebrauch benutzt.

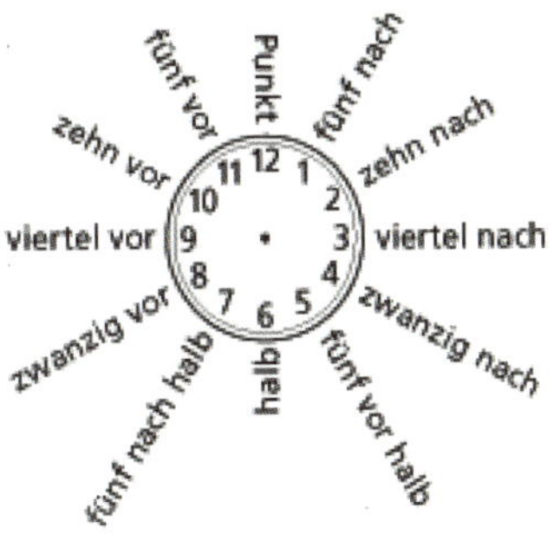

! In einigen Regionen der deutschsprachigen Länder hört man auch die Zeitangabe *viertel zehn* (= 9.15) *dreiviertel zehn* (= 9.45).

offiziell	Uhrzeit	umgangssprachlich
ein Uhr/dreizehn Uhr		*(Punkt) eins*
drei Uhr vierzig/fünfzehn Uhr vierzig		*zwanzig vor vier*
elf Uhr fünfundvierzig/dreiundzwanzig Uhr fünfundvierzig		*Viertel vor zwölf*
zwölf Uhr fünfzehn/null Uhr fünfundfünfzehn		*Viertel nach zwölf*

zwölf Uhr fünfundfünfzig/null Uhr fünfundfünfzig

fünf vor eins

zwei Uhr fünfundfünfzig/vierzehn Uhr fünfundfünfzig

fünf vor drei

siebzehn Uhr fünfundzwanzig/ fünf Uhr fünfundzwanzig

fünf vor halb sechs

acht Uhr zweiunddreißig/zwanzig Uhr zweiunddreißig

kurz nach halb neun

elf Uhr achtundfünfzig/dreiundzwanzig Uhr achtundfünfzig

kurz vor zwölf

zwölf Uhr/vierundzwanzig Uhr (auch ***null*** *Uhr oder Mitternacht)*

zwölf

Nach der Uhrzeit kann man folgendermaßen fragen und so antworten:

Wie spät ist es?
Wie viel Uhr ist es?
Um wie viel Uhr *fängt der Film an?*
Wann *treffen wir uns?*

Es ist *neunzehn Uhr dreißig.*
Es ist *Viertel vor acht.*
Um *zwanzig Uhr.*
Um *halb acht.*

Nehmen Sie sich eine Uhr zur Hand, bei der man schnell und einfach die Zeit verstellen kann (am besten eine analoge Uhr, einen Wecker), und verstellen Sie die Zeiger willkürlich, ohne hinzusehen. Lesen Sie dann laut die eingestellte Uhrzeit ab. Wiederholen Sie das, bis Ihnen die Uhrzeiten geläufig sind.

Bruchzahlen, Gewichte und Maße

Bruchzahlen

1/100	*ein Hundertstel*	
1/10	*ein Zehntel*	
1/8	*ein **Ach**tel*	Bildung: *ein* + Grundzahl + *-(s)**tel***
1/4	*ein Viertel*	
1/3	*ein **Drit**tel*	
1/2	***ein halb-***	

1/20	*ein Zwanzig**stel***
3/4	*drei Viertel*
1 $\frac{1}{2}$	*eineinhalb (anderthalb)*
3 $\frac{1}{2}$	*dreieinhalb*

Bei Maßen und Gewichten sind Bruchzahlen unveränderliche Adjektive. Bis auf 1/2 (*ein halb*) haben sie aber keine typischen Adjektivendungen.

ein viertel *Liter Milch,* ***ein achtel*** *Liter Öl,* ***eine hundertstel*** *Minute,* ***ein halbes*** *Brot,* ***eine halbe*** *Torte*

Gewichte

1 kg	– *ein Kilo(gramm)*
1 $\frac{1}{2}$ kg	– *eineinhalb Kilo* oder ***anderthalb*** *Kilo*
1 Pfd	– *ein Pfund* (nicht in Österreich)
1 g	– *ein Gramm*
1 dag	– *ein Dekagramm = 10g* (nur in Österreich)
500 g	= *ein Pfund/ein halbes Kilo*
1000 g	= *1 Kilo*

Besondere Mengenangaben:
ein Dutzend = 12, ***1 Paar*** = 2, ***ein paar*** = eine unbestimmte geringe Menge

Maße

1 l	= ein Liter		
0,1 l	= *ein Deziliter*		
1 km	= *1 Kilometer*	1 mm	= *1 Millimeter*
1 km/h	= *ein Kilometer pro Stunde*	1°C	= *1° Celsius*
1 m	= *ein Meter*	–1°C	= *minus ein Grad (Celsius)* oder: *ein Grad unter null*
1 m²	= *ein Quadratmeter*		
1 m³	= *ein Kubikmeter*	+ 1°C	= *plus ein Grad (Celsius)* oder: *ein Grad über null*
1 cm	= *ein Zentimeter*		

Sonstige Zahlwörter

Vervielfältigungszahlen geben an, **wie oft** etwas vorhanden ist.

*Das Buch gibt es in **zweifacher** Ausführung.*
*Das war ein **dreifacher** Betrug.*

Zur Bildung wird an die Grundzahl ***-fach*** angehängt:

einfach	*1fach*	*dreifach*	*3fach*
zweifach	*2fach*	usw.	

Gattungszahlen geben an, wie viele Arten es gibt. Bildung: Grundzahl + ***-er*** + ***-lei***

*zwei**erlei** Käse, fünf**erlei** Soßen*

Wiederholungszahlen geben an, wie oft etwas wiederholt wird. Bildung: Grundzahl + ***-mal***

*Ich habe fünf**mal** angerufen und zwei**mal** geklingelt.*

Die Ordnungszahlen

Mit den Ordnungszahlen (Ordinalzahlen) kann man eine Reihenfolge festlegen.

*der **erste** Platz, der **zweite** Platz und der **dritte** Platz*

! Als Ziffer steht nach der Ordnungszahl immer ein Punkt.
*der **1.** Platz, der **2.** Platz und der **3.** Platz*

Die Bildung der Ordnungszahlen

Ordnungszahlen ***1.–19.:*** **Grundzahl +** ***-t*** (aber unregelmäßige Bildung bei *1.* und *3.*)
*der **1./2./3.** April* – gesprochen: *der **erste/zweite/dritte** April*

1.	***erst-***	6.	*sechst-*
2.	*zweit-*	7.	*sieb(en)t-*
3.	***dritt-***	8.	*acht- (nur ein -t)*
4.	*viert-*	9.	*neunt-*
5.	*fünft-*	10.	*zehnt-*

Ordnungszahlen **ab 20.: Grundzahl +** ***-st***
*der **20.** November* – gesprochen: *der **zwanzigste** November*

20.	*zwanzigst-*	30.	*dreißigst-*
21.	*einundzwanzigst-*	31.	*einunddreißigst-*
22.	*zweiundzwanzigst-*	32.	*zweiunddreißigst-*
23.	*dreiundzwanzigst-*	33.	*dreiunddreißigst-*
24.	*vierundzwanzigst-*	34.	*vierunddreißigst-*
25.	*fünfundzwanzigst-*	35.	*fünfunddreißigst-*
26.	*sechsundzwanzigst-*	36.	*sechsunddreißigst-*
27.	*siebenundzwanzigst-*	37.	*siebenunddreißigst-*
28.	*achtundzwanzigst-*	38.	*achtunddreißigst-*
29.	*neunundzwanzigst-*	39.	*neununddreißigst-*

! Die Ordnungszahlen werden wie Adjektive dekliniert. Sie können mit und ohne Artikelwort vor dem Substantiv stehen. Danach richtet sich auch, ob sie eine starke oder schwache Endung haben.
▶ Deklination der Adjektive, S. 44 ff.

– ohne Artikelwort	*Die Flasche Sekt war* ***erste*** *Wahl.*
– mit Artikelwort/bestimmtem Artikel	*Ich bin* ***das erste*** *Mal im Theater gewesen.*
– mit Artikelwort/unbestimmtem Artikel	*Es gibt immer* ***ein erstes*** *Mal.*

– Aufzählungen: ***erstens, zweitens, drittens***
Bildung: Ordnungszahl + Endung ***-ens***
Erstens *bin ich nicht blöd und* ***zweitens*** *kann ich das alleine und* ***drittens*** *geht dich das gar nichts an.*

Die Ordinalzahl kann auch als **Substantiv** auftreten.

Er will immer ***Erster*** *sein.* ***Zweiter*** *zu sein genügt ihm nicht.*
Ludwig ***der Vierzehnte*** *(XIV.) war der Sonnenkönig.*

! In Verbindung mit **zu** ist die Ordinalzahl endungslos.
Heute Abend sind wir ***zu zweit.*** *Vielleicht aber auch* ***zu dritt.***

Das Datum

Für die Angabe des Datums stehen die Ordinalzahlen als Ziffern:

– allgemeine Datumsangabe: *Heute ist* ***der 1. Mai.***
gesprochen: *der erste Mai*
Am Samstag, ***dem 3. August,*** *komme ich zu dir.*
gesprochen: *dem dritten August*

– im Brief: *Berlin,* ***24.12.2006*** oder: *Berlin,* ***den 24.12.2006***
gesprochen: *den vierundzwanzigsten Zwölften zweitausendsechs*

– im Lebenslauf: *Ich wurde* ***am 08.12.1987*** *geboren.*
gesprochen: *am achten Zwölften neunzehnhundertsiebenundachtzig*

– für Zeiträume: *Vom* ***15.3.–21.4.2008*** *möchte ich ein Zimmer reservieren.*
gesprochen: *vom fünfzehnten Dritten bis einundzwanzigsten Vierten zweitausendacht*

! Die Endungen der Ziffern für die Tage und Monate folgen der Adjektivdeklination. ▶ Deklination der Adjektive, S. 44 ff.

Leicht gemerkt!

Das Wichtigste bei den Zahlen:
Es gibt **Grundzahlen** (*1, 2, 3 ...*), **Bruchzahlen** (*1/2, 1/3, 1/16 ...*), **andere Zahlwörter** (*zweifach, dreierlei, einige ...*) und Ordnungszahlen) und **Ordnungszahlen** (*1., 2., 3. ...*).
Bei den zweistelligen Grundzahlen liest man rückwärts:
27 = 7 und 20 = siebenundzwanzig,
bei den Ordnungszahlen liest man die Grundzahl + **-t** (*1.-19.*) bzw. **-st** (*ab 20.*).
Die Zahlen von *eins* bis *zwanzig* und die Zehnerzahlen sollten Sie auswendig lernen. Dann können Sie alle weiteren Zahlen ganz einfach bilden.

6 Das Verb

Das Verb spielt eine wichtige Rolle im Satz. Von ihm hängt der Satzbau ab. ► Das Verb im Satz (Prädikat), S. 136
Es kann viele Dinge beschreiben:

Handlungen	*Der Junge* ***läuft*** *zum Bäcker und* ***kauft*** *ein Brot.*
Vorgänge	*Es* ***regnet*** *und* ***stürmt*** *gerade.*
Wahrnehmungen der Sinnesorgane	*Opa* ***sieht*** *aus dem Fenster, weil er die Vögel* ***beobachten*** *will. Man kann sie auch deutlich* ***hören****.*
Empfindungen	*Die Schwester* ***ärgert sich*** *über ihren Bruder. Und er* ***freut sich*** *noch darüber. Ich* ***fühle mich*** *heute krank.*
Bewusstseinsprozesse	*Ich* ***denke****, du* ***weißt****, was ich* ***meine****.*

Die Veränderung des Verbs wird Konjugation genannt.
Es verändert sich in:

1. Person	1., 2. oder 3. Person *ich spiele, er spielt, wir spielen*
2. Numerus	Singular (Einzahl) oder Plural (Mehrzahl)
3. Tempus/die Tempora	die grammatischen Zeiten *er spielt, er spielte, er hat gespielt*
4. Modus/die Modi	die Aussageweise des Sprechers *er spielt, er spiele, er würde spielen, spiel!*
5. Aktiv/Passiv	die Handlungsarten *Er* ***spielt*** *Schach. Dort drüben am Tisch* ***wird*** *Schach* ***gespielt****.*

Man kann die Verben in Gruppen einteilen:

Vollverben ► S. 64 ff.
Hilfsverben ► S. 68
Modalverben ► S. 68 ff.

Das Vollverb

Die meisten Verben gehören zu den Vollverben. Das heißt, sie können allein das Prädikat im Satz bilden. ▶ Das Verb im Satz (Prädikat), S. 136

Ich bade in der Badewanne.

Zu den Vollverben gehören:

1. Verben mit Objekten (Ergänzungen)
   kaufen + *Akkusativ* *geben* + *Dativ* + *Akkusativ*
2. Reflexive Verben
   sich *bedanken* ***sich*** *beeilen*
3. Verben mit präpositionalen Angaben
   sich interessieren ***für*** + *Akkusativ* *halten* ***von*** + *Dativ*
4. Funktionsverben
   geben*: einen Rat geben, einen Tipp geben …*
   tun*: leidtun, wehtun …*
5. Trennbare und nicht trennbare Verben
   einkaufen → *ich kaufe ein*
   verkaufen → *ich verkaufe*

1. Verben mit Objekten

Es gibt Verben, die eine Ergänzung brauchen. Man unterscheidet dabei zwei Gruppen.

transitive Verben	intransitive Verben
Objekte stehen im **Akkusativ** ▶ Objekte im Satz, S. 136 ff.	Objekte stehen im **Dativ** oder **Genitiv**.
Ich mag ***ihn****.* (Akkusativ)	*Er hilft* ***ihm****.* (Dativ)
Er liest ***ein Buch****.* (Akkusativ)	*Wir gedenken* ***des Toten****.* (Genitiv)
	Objekte stehen in Verbindung mit einer **Präposition**.
	Sie spricht ***mit*** *ihm.*
	Es gibt **kein Objekt**.
	Die Medizin hilft schnell.

Viele Verben können **transitiv und intransitiv** gebraucht werden.

transitiv: *Sie spricht die deutsche Sprache.* (Akkusativ)
intransitiv: *Sie spricht mit dem Arzt.* (Objekt mit Präposition)

! Transitive Verben können das **Passiv** bilden. ▶ Passiv, S. 100
Ein intransitives Verb kann **kein Passiv** bilden.

2. Reflexive Verben

Viele Verben werden in Verbindung mit einem Reflexivpronomen benutzt. Das Reflexivpronomen bezieht sich auf das Subjekt des Satzes. Es kann im Dativ oder Akkusativ stehen. ▶ Reflexivpronomen, S. 29

Dativ: *Ich kämme **mir** das Haar.*
Akkusativ: *Ich freue **mich** auf das Abendbrot.*

! Man unterscheidet echte und unechte reflexive Verben: Bei einem echten reflexiven Verb kann kein Substantiv als Ersatz stehen.

*Ich bedanke **mich**.*
Bei einem unechten reflexiven Verb kann als Ersatz ein Substantiv stehen. *Ich kämme mich. – Ich kämme meine Schwester.*

3. Verben mit präpositionalen Angaben

Einige Verben sind fest mit einer bestimmten Präposition verbunden. Die Präposition verlangt einen bestimmten Kasus:

denken an + Akkusativ: *Ich **denke** oft **an** meinen Urlaub.*
gehen um + Alkkusativ: *Es **geht um** meine Rechnung.*

Viele dieser Vollverben gehören auch in die Gruppe der reflexiven Verben oder der Funktionsverben:

sich interessieren für + Akkusativ: *Max **interessiert sich für** das neue Motorrad von BMW.* (Reflexivverb)
Angst bekommen vor + Dativ: *Kleine Kinder haben Angst vor Monstern.* (Funktionsverb)

4. Funktionsverben

Manchmal bilden Verben zusammen mit einem Substantiv (als Akkusativ- oder Präpositionalobjekt) das Prädikat. Dann nennt man sie Funktionsverben.

Zu den wichtigsten Funktionsverben gehören:
bringen, kommen, geben, machen

bringen, kommen	***geben***	***machen***
in Ordnung bringen	*ein Versprechen geben*	*einen Vertrag machen*
zur Sprache bringen	*einen Rat geben*	*eine Pause machen*
zur Vernunft kommen	*eine Erlaubnis geben*	*eine Andeutung machen*
ans Licht kommen	*eine Einschätzung geben*	*einen Versuch machen*

Weitere Funktionsverben: *bekommen, erhalten, finden, nehmen, ziehen*

5. Trennbare und nicht trennbare Verben

Verben können mit trennbaren und nicht trennbaren Präfixen kombiniert werden. Dadurch bekommen die Verben eine neue Bedeutung, z.B. *laufen:* ***ab****laufen,* ***hin****laufen,* ***weg****laufen,* ***ver****laufen,* ***ent****laufen*
▶ Ableitungen mit Präfixen, S. 105f.
Trennbare Verbzusätze (Präfixe) sind **betont.** Sie werden im Präsens und Präteritum abgetrennt, wenn kein zweites Verb im Satz ist.

Die wichtigsten trennbaren Verbzusätze

ab-	*abfahren*	*Der Zug* ***fährt*** *pünktlich* ***ab.***
an-	*anfassen*	*Er* ***fasst*** *den Stoff* ***an.***
auf-	*aufpassen*	***Pass*** *doch* ***auf!***
aus-	*ausrutschen*	*Er* ***rutscht*** *auf einer Bananenschale* ***aus.***
ein-	*einkaufen*	*Wir* ***kaufen*** *immer am Donnerstag* ***ein.***
her-	*herkommen*	***Komm*** *doch mal* ***her!***
hin-	*hingehen*	*Wo* ***gehst*** *du* ***hin?***
los-	*loslassen*	***Lass*** *mich endich* ***los!***
mit-	*mitkommen*	***Er*** *kommt* ***mit.***
vor-	*vorschlagen*	*Ich* ***schlage vor,*** *wir machen jetzt Schluss.*
weg-	*wegbringen*	*Du* ***bringst*** *die Post* ***weg.***
weiter-	*weiterlesen*	***Lesen*** *Sie bitte* ***weiter!***
zu-	*zuhören*	***Hörst*** *du mir bitte mal* ***zu!***
zurück-	*zurückkommen*	*Er* ***kam*** *gestern aus dem Urlaub* ***zurück.***

Die Satzstellung bei Verben mit trennbarem Präfix

Position 1	Verb	Mittelfeld	Satzende
1. Im Aussagesatz und in der Frage mit Fragewort:			
Wir *Wann*	***fahren*** ***fährst***	*morgen* *du*	***weg.*** ***weg?***
2. Bei Ja-/Nein-Fragen und Aufforderungen:			
	Gehen ***Geht***	*wir* *endlich*	***weg?*** ***weg!***
3. Wenn das konjugierte Verb am Satzende von Nebensätzen steht:			
Ich hoffe,		*dass sie gut*	***ankommt.***

Untrennbare Präfixe

Das sind Präfixe, die nicht allein stehen können. Bis auf ***miss-*** sind alle Präfixe dieser Tabelle **unbetont**.

▶ Bedeutung der Präfixe, S. 105 f.

Präfix	Beispiel-Infinitiv	Beispielsatz
be-	*besuchen*	*Ich **besuche** dich bald.*
ent-	*entwerfen*	*Er **entwirft** das Gebäude.*
er-	*erscheinen*	***Erscheinen** Sie bitte pünktlich!*
ge-	*gefallen*	*Du **gefällst** mir sehr.*
miss-	*missverstehen*	*Sie **missversteht** ihn mit Absicht.*
wider-	*widersprechen*	*Das **widerspricht** der Regel.*
ver-	*verlieren*	*Beim Spiel **verliere** ich immer.*
zer-	*zerschneiden*	***Zerschneidet** das Papier nicht!*

Mehrteilige Verben:

Diese Verben bilden das Prädikat aus zwei Teilen. Der erste Teil bleibt auch im Satz unverändert. Er steht am Satzende.

Infinitiv	konjugierte Form	Wortarten
spazieren gehen *kennen lernen* *baden gehen*	*Ich **gehe spazieren**.* *Er lernt sie **kennen**.* *Du **gehst baden**.*	Infinitiv + Verb
geschenkt bekommen *verloren gehen*	*Er **bekommt** Blumen **geschenkt**.* *Der Ring **ging verloren**.*	Partizip + Verb
Rad fahren *Auto fahren* *Klavier spielen*	*Wir **fahren Rad,*** *ihr **fahrt Auto**.* *Sie **spielen Klavier**.*	Substantiv + Verb
aufeinanderlegen *rückwärts fahren*	*Ich **lege** die Hemden **aufeinander**.* *Das Auto **fährt rückwärts**.*	Adverb + Verb

Die Hilfsverben

Zu den Hilfsverben gehören ***sein, haben*** und ***werden.*** Man braucht sie,
- um die **zusammengesetzten Zeitformen** zu bilden.
  ▶ Die Tempora, S. 82
  Sie ***ist*** *in die Badewanne gegangen und* ***hat*** *sich gewaschen.* (Perfekt)
  Er ***hatte*** *schlecht geschlafen.* (Plusquamperfekt)
  Wann ***wird*** *sie kommen?* (Futur)
- ... oder bei der Bildung des **Passivs:** ▶ S. 100 ff.
  Das Baby ***wurde*** *geboren.*

sein, haben und *werden* können auch als normale Verben (Vollverben) im Satz stehen:
- ***sein*** kann in Verbindung stehen mit:
  einem Adjektiv: *Der Großvater ist alt.*
  einem Substantiv: *Die Großmutter ist eine alte Frau.*
- ***haben*** kann in Verbindung stehen mit:
  einem Substantiv: *Sie hat heute Geburtstag.*
  einem Adverb: *Ich habe dich lieb.*
- ***werden*** kann in Verbindung stehen mit:
  einem Substantiv: *Sie möchte unbedingt Lehrerin werden.*
  einem Adjektiv: *Es wird jetzt langsam wärmer.*

▶ Bedeutung von *werden*, S. 71 f.
Konjugation von *sein, haben, werden*, S. 83, 85, 87, 93, 153

Die Modalverben

Die Modalverben bestimmen die Art und Weise, wie man etwas tut, zum Beispiel: gern oder nicht gern.
Es gibt sechs Modalverben: ***dürfen, können, müssen, sollen, wollen, mögen***.
Modalverben stehen meist mit einem anderen Verb. Das zweite Verb steht dann im Infinitiv am Satzende.
Sie ***soll*** *morgen nicht* ***kommen****.*

Die unterschiedliche Bedeutung der Modalverben am Beispiel *arbeiten*:

Er **darf** nicht arbeiten.

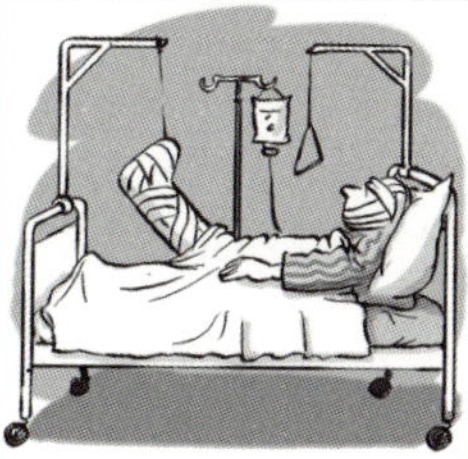

Er **kann** nicht arbeiten.

Er **mag** nicht arbeiten.

Er **muss** nicht arbeiten.

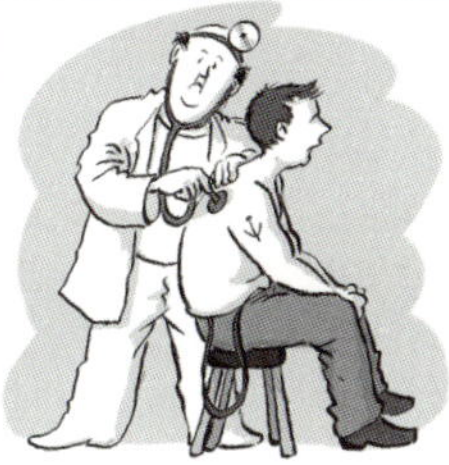

Er **soll** nicht arbeiten.

Er **will** nicht arbeiten.

Die Bedeutung der Modalverben

Modalverb	Bedeutung	Beispiel
dürfen	Erlaubnis	*Ich **darf** im Raucherraum rauchen.*
können	Möglichkeit Fähigkeit höfliche Bitte Erlaubnis	*Sie **können** das Auto abholen.* *Sie **kann** Ski fahren.* ***Können** Sie mir ein Bier bringen?* *Sie **können** mein Auto nehmen.*
mögen	etwas gernhaben	*Ich **mag** Himbeereis.*
müssen	Notwendigkeit Befehl Aufforderung	*Ich **muss** morgen wegfahren.* *Du **musst** besser aufpassen!* *Wir **müssen** gehen!*
sollen	Rat oder Aufforderung einer anderen Person	*Ich **soll** die Schuhe putzen.*
wollen	Wille oder Absicht	*Sie **will** nie wieder lügen.* *Sie **will** das Abitur machen.*

! Der Konjunktiv II von ***mögen*** lautet ***möchte~*** und hat dann im Gegensatz zum Indikativ die Bedeutung von *wünschen*.

Die Bedeutung von *möchte~*

*Ich **möchte** nach Paris (fahren).*	jemand hat einen Wunsch
*Ich **möchte** einen Tee (trinken).* *Ich **möchte** 150 Gramm Käse (kaufen).*	wird meist beim Bestellen und Einkaufen verwendet

Im Vergleich die Bedeutung des Modalverbs *mögen*

*Ich **mag** Tee.*	Er schmeckt mir.
*Ich **mag** Paris.*	Die Stadt gefällt mir.

Modalverben können auch ohne Infinitiv stehen, wenn aus der Situation klar hervorgeht, was gemeint ist.

*Ich **möchte** einen Tee (trinken).*
*Kommst du mit? Nein, ich **kann** nicht (mitkommen).*
*Ich **muss** nach Hause (gehen).*

! Für einen persönlichen Wunsch benutzt man ***möcht-***.
Wollen benutzt man für den persönlichen Willen.

Die Negation der Modalverben

Du darfst nicht! Du musst nicht! Bei der Negation von ***dürfen*** und ***müssen*** ändert sich die Bedeutung der Modalverben.

Max *Max*	***darf*** ***soll***	*morgen* *morgen*	***nicht*** ***nicht***	*Fußball spielen.* *Fußball spielen.*	Verbot
Paul	***kann***	*morgen*	***nicht***	*zu dir kommen.*	nicht möglich
Mutter	***muss***	*am Sonntag*	***nicht***	*kochen.*	nicht notwendig
Spinat	***musst***	*du*	***nicht***	*essen.*	kein Zwang

Verben mit speziellen Bedeutungen

Die Bedeutung von *brauchen*

Brauchen kann – mit den Wörtern ***nur*** und ***nicht*** – wie ein Modalverb benutzt werden. Der Infinitiv wird dann mit *zu* gebildet. Es hat dann etwa die Bedeutung von ***müssen***.

Ihr **braucht nicht zu** kommen, der Unterricht fällt aus.	es ist **nicht notwendig** (nicht müssen)
Du **brauchst nur zu** klopfen, dann mache ich dir auf.	es ist **notwendig** (müssen)

Die Bedeutung von *kennen* und *wissen*

*Ich **kenne** die Stadt genau.* *Er **kennt** den Kollegen gut.*	meist in Verbindung mit Personen und Orten
*Ich **weiß**, dass die Stadt groß ist.* *Er **weiß**, wie sein Kollege heißt.*	Kenntnis von Fakten, meist in Verbindung mit einem Nebensatz

Die Bedeutung von *lassen*

***Lassen** Sie bitte den Koffer stehen.*	eine Aufforderung aussprechen
*Die Mutter **lässt** das Haus streichen.*	einen Auftrag geben
*Er **lässt** sie zur Disco gehen.*	eine Erlaubnis geben
***Lassen** Sie das!*	ein Verbot aussprechen
*Ich **lasse** das lieber.*	etwas nicht tun

Die Bedeutung von *werden*

Wir	***werden***	morgen	aufräumen.	Futur 1 – Versprechen, Plan
Morgen	***wird***	es	schneien.	Futur 1 – Prognose
Ich	***würde***	dir gern	helfen.	Konjunktiv 2 – Wunsch
	Würdest	du das Fenster	schließen?	Konjunktiv 2 – höfliche Bitte
Ich	***würde***		kommen, aber ich habe keine Zeit.	Konjunktiv 2 – irreale Aussage
Jetzt	***wird***	das Haus	gebaut.	Passiv Präsens
Israel	***wurde***	1948	gegründet.	Passiv Präteritum
Der Superstar	ist	in Berlin	gesehen ***worden***.	Passiv Präteritum
Mein Sohn	***wird***	Arzt.		*werden* als Vollverb mit Substantiv als Ergänzung
Nächstes Jahr	***werde***	ich 30 Jahre.		werden als Vollverb mit Zahl als Ergänzung

►►

Ich	***werde***	kleiner, je älter ich werde.		werden als Vollverb mit Adjektiv als Ergänzung
Du	bist	älter	***geworden!***	werden als Vollverb im Perfekt mit Adjektiv als Ergänzung

! **Achtung:** Wenn man ***werden*** **als Hilfsverb** verwendet, heißt das Partizip II ***worden***: *Max ist 2010 geboren* ***worden***.
Wenn man ***werden*** als Vollverb verwendet, heißt das Partizip II ***geworden***: *Herr Maier ist Geschäftsführer* ***geworden***.

Der Infinitiv

Der Infinitiv ist die Grundform des Verbs. Fast alle Infinitive setzen sich aus dem Wortstamm und der Endung ***-en*** zusammen.

*lauf**en**, spring**en**, renn**en***

Ausnahmen bilden die Verben auf: ***-ern, -eln, -n***

Der Infinitiv ohne *zu*

Infinitive benutzt man

- im Futur I: *Sie wird morgen nach Berlin fahren.*
- im Futur II: *Morgen wird sie die Prüfung geschrieben haben.*
- im Konjunktiv II (▶ S. 95 ff.): *Ich würde gerne schlafen.*
- mit Modalverben: *Sie soll doch kommen.*
- bei kurzen Aufforderungen: *Bitte die Türen schließen.*

Folgende Verben können in Verbindung mit einem Infinitiv auftreten:

bleiben	*Er **bleibt** nicht auf der Straße **stehen**.*
gehen	*Ich **gehe** jetzt in die Bar **tanzen**.*
fahren	*Sie **fährt** in die Stadt **einkaufen**.*
lernen	*Er **lernt** gerade Flöte **spielen**.*
hören	*Ich **höre** die Vögel **singen**.*
sehen	*Ihr **seht** die Blumen **wachsen**.*
lassen	*Sie **lassen** ihn noch **schlafen**.*

Infinitive als Substantive

Infinitive können auch als Substantive gebraucht werden.

Das Lesen *ist sehr entspannend.*
Das Arbeiten *am Fließband ist sehr monoton.*

Wenn ein Artikel vor dem Infinitiv steht, handelt es sich um ein Substantiv und muss deshalb großgeschrieben werden.

Der Infinitiv mit *zu*

Es gibt Verben, Substantive und Adjektive, nach denen ***zu*** + Infinitiv stehen kann.

Das Kind ***scheint zu schlafen.***
Er ***hat Mühe****, alles* ***zu verstehen.***
Es ist nett*, alten Leuten* ***zu helfen.***

! Vor *zu* + Infinitiv kann man zum besseren Verständnis ein Komma setzen, wenn zum Infinitivsatz drei oder mehr Wörter gehören.

1. Verben mit *zu* + Infinitiv

a) Bei einigen Verben steht *zu* + Infinitiv anstelle eines Nebensatzes mit der Konjunktion ***dass***, wenn das Subjekt im Haupt- und im Nebensatz identisch ist.

- ***meinen:***
  Er *meint, dass* ***er*** *Recht hat.* → *Er meint, Recht* ***zu haben****.*
- ***sich freuen:***
  Wir *freuen uns, dass* ***wir*** *ihn bald wiedersehen.* → *Wir freuen uns, ihn bald* ***wiederzusehen****.*
- ***hoffen:***
  Er *hofft, dass* ***er*** *bald wieder gesund ist.* → *Er hofft, bald wieder gesund* ***zu sein****.*

Zu diesen Verben gehören außerdem: *anbieten, anfangen, aufhören, beabsichtigen, beginnen, sich bemühen, beschließen, denken an, sich entschließen, fürchten, sich gewöhnen an, glauben, planen, scheinen, vergessen, sich verlassen auf, versprechen, versuchen, vorhaben, sich weigern*

! Ist das Subjekt nicht identisch, kann kein Infinitiv + ***zu*** stehen.
Er glaubt, dass ***du*** *immer Recht hast.*

b) Einige Verben stehen mit ***zu***-Infinitiv, wenn das Objekt (Substantive oder Pronomen im Genitiv, Dativ oder Akkusativ) des Hauptsatzes gleichzeitig das Subjekt des Nebensatzes ist.

Ich ***fordere*** *dich* ***auf****, dass du den Müll wegbringst.* → *Ich fordere dich auf, den Müll* ***wegzubringen****.* (*dich* = Akkusativobjekt im Hauptsatz; *du* = Subjekt im Nebensatz)

Frau Müller ***erlaubt*** *ihrem Sohn, dass er am Computer spielt.* → *Frau Müller* ***erlaubt*** *ihrem Sohn, am Computer* ***zu spielen****.* (*ihrem Sohn* = Dativobjekt im Hauptsatz; *er* = Subjekt im Nebensatz)

Zu diesen Verben gehören außerdem: *anbieten, befehlen, bitten, bringen zu, einladen, empfehlen, erinnern (an), ermöglichen, gelingen, helfen, leichtfallen, raten, schwerfallen, überreden (zu), verbieten, warnen*

zu + Infinitiv bei Verben mit trennbarem Präfix

Zu steht zwischen dem Präfix und dem Infinitiv.

*wegbringen: Ich habe keine Lust, den Müll weg****zu****bringen.*
*einschlafen: Er hat Schwierigkeiten ein****zu****schlafen.*

zu- + Infinitiv bei Verben mit untrennbarem Präfix

Zu steht vor dem Infinitiv.

besuchen: Ich habe heute Zeit, dich ***zu*** *besuchen.*

2. Adjektive und Partizipien mit *zu* + Infinitiv

Der Kombination aus *sein* (konjugiert) + Adjektiv oder Partizip folgt oft im zweiten Teil des Satzes ein ***zu***-Infinitiv.

interessant: Es ist ***interessant****, die Vögel* ***zu beobachten****.*
verboten: Es ist ***verboten****, den Rasen* ***zu betreten****.*

Zu diesen Adjektiven und Partizipien gehören außerdem: *bereit sein, entschlossen sein, erlaubt sein, erfreut sein, erstaunt sein, gesund / ungesund sein, gewohnt / ungewohnt sein, gut / schlecht sein, höflich / unhöflich sein, leicht / schwer sein, praktisch / unpraktisch sein, stolz sein, richtig / falsch sein, überzeugt sein, unnötig sein, wichtig / unwichtig sein*

3. Wendungen mit Substantiven mit *zu* + Infinitiv

die Lust: Ich habe ***Lust****, heute baden* ***zu gehen****.*
der Spaß: Es macht keinen ***Spaß****, immer zu verlieren.*

Zu diesen Substantiven gehören außerdem: *die Absicht haben, Angst haben, Freude haben, die Gelegenheit haben, Grund haben, die Möglichkeit haben, Mühe haben, das Problem haben, Schwierigkeiten haben, Zeit haben*

Konjunktionen mit *zu* + Infinitiv

anstatt:
*Er isst, **anstatt** auf seine Diät **zu** achten.*
ohne:
*Er sitzt vor dem Computer, **ohne** sich **zu** bewegen.*
um:
*Ich gehe in die Schule, **um zu** lernen.*

! Vor diesen Konjunktionen mit *zu* + Infinitiv steht immer ein Komma!

▶ Konjunktionen, S. 113 ff.

Die Partizipien

Man unterscheidet das Partizip I (Partizip der Gegenwart) und das Partizip II (Partizip der Vergangenheit). Das Partizip kann zum Verb gehören; dann steht es ohne Endung. Wenn das Partizip zum Substantiv gehört, steht es vor dem Substantiv und trägt die Adjektivendungen. Mit Artikelwort kann das Partizip auch selbst zum Substantiv werden.

Infinitiv	Partizip I	Partizip II
lesen	*lesend*	*gelesen*
wandern	*wandernd*	*gewandert*
besuchen	*besuchend*	*besucht*
einkaufen	*einkaufend*	*eingekauft*

Das Partizip I

Das Partizip I wird mit dem Infinitiv + ***-d*** gebildet.

*schlafen**d**, spielen**d**, singen**d**, ausgehen**d**, bestehen**d***

Die Verwendung des Partizips I

Das Partizip I kann als Adjektiv und Substantiv verwendet werden.

- **Das Partizip als Adjektiv** kann vor und nach dem Substantiv stehen.
  vor dem Substantiv: *Ich sehe den **spielenden** Kindern zu.*
  Deklination wie ein Adjektiv ▶ S. 44 ff.
  nach dem Substantiv: *Die Kinder saßen **spielend** im Sandkasten.*
  keine Deklination
- **Das Partizip als Substantiv:**
  der Weinende, ein Weinender, Weinender
  Deklination wie ein Adjektiv ▶ S. 44 ff.

Das Partizip II

Bei der Bildung des Partizips II muss man zwischen regelmäßigen und unregelmäßigen Verben unterscheiden.

Das Partizip II der regelmäßigen Verben:

ge- + Verbstamm + ***-t***	Verbstamm endet auf ***-d*** oder ***-t:*** ***ge-*** + Verbstamm + ***et***	Verben mit der Endung ***-ieren:*** Verbstamm + ***t***
ge**kocht, **ge**schmeck**t	***ge**red**et**, **ge**arbeit**et***	*registrier**t**, reparier**t***

Bei regelmäßigen Verben **mit trennbarem Präfix** steht ***-ge-*** zwischen Präfix und Verb:
*Er hat an**ge**halten.* ▶ Verben mit trennbarem Präfix, S. 66

Bei regelmäßigen Verben mit untrennbarem Präfix steht kein ***ge-*** zwischen Präfix und Verbstamm:
Ich habe besucht. ▶ Verben mit untrennbarem Präfix, S. 67

Das Partizip II der unregelmäßigen Verben:

	ge- +	veränderter Stamm +	***-en***	
	↓	↓	↓	
springen:	***ge-***	***sprung***	***-en***	*Er ist ins Wasser **gesprungen**.*
fahren:	***ge-***	***fahr***	***-en***	*Sie ist nach Rügen **gefahren**.*

Die Bildung bei unregelmäßigen Verben **mit trennbarem Präfix:**
hinfahren: ***hin-ge-fahr-en*** *Bist du schon* ***hingefahren****?*

Die Bildung bei unregelmäßigen Verben **mit untrennbarem Präfix:**
verstehen: ***verstand-en****.* *Er hat den Film* ***verstanden****.*
Das Partizip II wird ohne **-ge-** gebildet!

! Verben mit **zwei Verbzusätzen** bilden das Partizip II ebenfalls ohne **-ge-**: *vor-be-reitet, miss-ver-standen*

! Der **Verbstamm** ist der Infinitiv ohne Endung ***-en*** bzw. ***-n*** und ohne Präfix.
spielen: Verbstamm ***spiel*** *sammeln*: Verbstamm ***sammel***
gehen: Verbstamm ***geh*** *wandern*: Verbstamm ***wander***

Bei unregelmäßigen Verben ändert sich der Verbstamm im Präteritum und/oder beim Partizip II. Das muss man lernen.

gehen: Präteritum: ***ging****;* Partizip II: *ge-**gang**-en*
lesen: Präteritum: ***las****;* Partizip II: *ge-**les**-en*
fahren: Präteritum: ***fuhr****;* Partizip II: *ge-**fahr**-en*

▶ Liste der wichtigsten unregelmäßigen Verben ab S. 152

Die Verwendung des Partizips II

Das Partizip II kann **als Adjektiv vor** oder **nach** dem Substantiv stehen.

Die ***gewaschene*** *Wäsche hängt im Garten.* (wie ein Adjektiv dekliniert)
Die Wäsche hängt ***gewaschen*** *im Garten.* (keine Deklination)

Das Partizip II **als Substantiv**
verletzt → *Es gab viele* ***Verletzte****.* (Deklination wie ein Adjektiv)

Die finite Form des Verbs

Wenn Verben konjugiert werden, entstehen so genannte finite Verbformen.

! An der Endung des Verbs erkennt man, **wer** etwas tut. Manchmal gibt es für verschiedene Personen gleiche Endungen.
(wir) wohnen, (sie) wohnen

Die Bildung der Verbformen

Es gibt verschiedene Arten, die Formen des Verbs zu bilden.
Man unterscheidet die Bildung der **regelmäßigen Verben** und der **unregelmäßigen Verben.**

Welcher Gruppe ein Verb zugeordnet wird, kann man erkennen, wenn man die folgenden drei Verbformen betrachtet.

1. Infinitiv – *helfen*
2. Präteritum, 3. Person Singular – *er half*
3. Partizip II – *geholfen*

Sie bilden die **drei Stammformen** des Verbs.

Die regelmäßigen Verben

Bei den regelmäßigen Verben verändert sich der Verbstamm nicht.
Im Präteritum erhält der Verbstamm die Endung ***-te***, beim Partizip die Endung ***-t***. Sie werden auch **schwache Verben** genannt.

Die Stammformen der regelmäßigen Verben:

Infinitiv	Präteritum: -*te*-Endung (3. Person Singular)	Partizip II: -*t*-Endung
sagen	*(er) sag**te***	*(er hat) gesag**t***
wandern	*(er) wander**te***	*(er hat) gewander**t***
sammeln	*(er) sammel**te***	*(er hat) gesammel**t***

Die unregelmäßigen Verben

Bei unregelmäßigen Verben verändert sich der Stammvokal im Präteritum und teilweise auch im Partizip II. Das Partizip II hat die Endung ***-en***. Unregelmäßige Verben werden auch **starke Verben** genannt. ▶ Siehe auch Tipp zum Verbstamm auf Seite 77.

Für die Veränderung des Stammvokals gibt es drei Möglichkeiten:

- Im Infinitiv, Präteritum und Partizip II gibt es drei verschiedene Vokale: ***singen*** – *er* ***sang*** – *er hat* ***gesungen***
- Im Präteritum und Partizip II sind die Vokale gleich: ***riechen*** – *er* ***roch*** – *er hat* ***gerochen***
- Im Infinitiv und Partizip II sind die Vokale gleich: ***sehen*** – *er* ***sah*** – *er hat* ***gesehen****;* ***fahren*** – *er* ***fuhr*** – *er ist* ***gefahren***

Unregelmäßige Verben, die besondere Formen bilden:

gehen	*ging*	*gegangen*	***stehen***	*stand*	*gestanden*
haben	*hatte*	*gehabt*	***treffen***	*traf*	*getroffen*
nehmen	*nahm*	*genommen*	***tun***	*tat*	*getan*
sein	*war*	*gewesen*	***werden***	*wurde*	*geworden*
sitzen	*saß*	*gesessen*	***ziehen***	*zog*	*gezogen*

Die gemischten Verben wechseln zwar den Stammvokal, haben aber im Partizip II die t-Endung der regelmäßigen Verben:

bringen	*brachte*	*gebracht*
kennen	*kannte*	*gekannt*
wissen	*wusste*	*gewusst*

Am besten ist es, alle drei Stammformen zu lernen, wenn man ein neues Verb kennen lernt. ▶ Liste unregelmäßiger Verben, S. 152ff.

Die Personalformen des Verbs

Wenn sich das Verb nach Person und Numerus verändert, spricht man von den **finiten Verbformen.** Für die einzelnen Personalformen gibt es bestimmte Endungen, die an den Verbstamm gehängt werden. Allerdings gibt es Unterschiede für regelmäßige und unregelmäßige Verben. Zunächst werden die Verben im Präsens (Gegenwart) dargestellt.

Die Personalformen im Präsens

Sowohl regelmäßige als auch unregelmäßige Verben haben im Präsens folgende Endungen für die einzelnen Personen im Singular und Plural.

	Singular	typische Endung	Plural	typische Endung
1. Person	*ich wohne*	***-e***	*wir wohnen*	***-en***
2. Person	*du wohnst*	***-st***	*ihr wohnt*	***-t***
3. Person	*er/sie/es wohnt*	***-t***	*sie wohnen*	***-en***

Besonderheiten

a) e-Einschub

Endet der Stamm eines Verbs auf *-**d*** oder *-**t*** oder auf einen Konsonanten (außer ***-l, -m, -n, -r***) + ***-m*** oder ***-n***, dann wird in der 2. und

3. Person Singular und in der 2. Person Plural vor der Endung ein ***-e*** eingefügt:

*re**d**-en:* *du red**e**st, er red**e**t, ihr red**e**t*
*ko**st**-en:* *du kost**e**st, er kost**e**t, ihr kost**e**t*
*arbei**t**-en:* *du arbeit**e**st, er arbeit**e**t, ihr arbeit**e**t*
*bege**gn**-en:* *du begegn**e**st, er begegn**e**t, ihr begegn**e**t*

Ausnahme.
Bei Verben mit Vokalwechsel, deren Stamm auf ***-d*** oder ***-t*** endet, schiebt man nur in der 2.Person Plural ein ***-e*** ein:
halt-en: *du hältst, ihr halt**e**t*
einlad-en: *du lädst ein, ihr lad**e**t ein* (Achtung: *er lä**dt** ein*)

b) s-Ausfall
Endet der Stamm auf ***-s, -ss, -ß, -x, -tz*** oder ***-z***, lautet die Endung in der 2. Person Singular nur ***-t.***

*fa**x**-en:* *du faxt* — *si**tz**-en:* *du sitzt*
*hei**ß**-en:* *du heißt* — *wür**z**-en:* *du würzt*

c) e-Ausfall
Verben, die im Infinitiv auf ***-eln*** enden, haben in der 1.Person Singular kein ***-e*** vor der dem ***-l***.
Außerdem ist wie bei anderen Verben der Infinitiv identisch mit der 1. und 3. Person Plural; die Endung heißt also ***-n*** und nicht ***-en***.
segeln → Stamm: *segel* → *ich segle, wir segeln*
radeln → Stamm: *radel* → *ich radle, wir radeln*

Verben, die auf ***-ern*** enden, kann man in der 1.Person Singular ohne ***-e*** vor der Personalendung bilden:
wandern → Stamm: *wander* → *ich wand(e)re*
bedauern → Stamm: *bedauer* → *ich bedau(e)re*

Verben mit Vokalwechsel

Die Verben mit Vokalwechsel gehören zu den unregelmäßigen Verben. Sie haben im Infinitiv ein ***e***, ***a***, ***au*** oder ***o*** im Stamm, zum Beispiel *nehmen, fahren, laufen, stoßen*.

So ändert sich der Stammvokal im Präsens:

Stammvokal	***e → i/ie***	***a → ä***	***au → äu***
	geben	*fahren*	*laufen*
2. Person Sing.	*→ du gibst*	*→ du fährst*	*→ du läufst*
3. Person Sing.	*→ er gibt*	*→ er fährt*	*→ er läuft*

Die Konjugation in den anderen Personalformen bleibt regelmäßig.

Präsens der Verben mit Vokalwechsel

	nehmen	geben	empfehlen	fahren	laufen	stoßen*
ich	*nehme*	*gebe*	*empfehle*	*fahre*	*laufe*	*stoße*
du	*n**i**mmst*	*g**i**bst*	*empf**ie**hlst*	*f**ä**hrst*	*l**äu**fst*	*st**ö**ßt*
er, sie, es	*n**i**mmt*	*g**i**bt*	*empf**ie**hlt*	*f**ä**hrt*	*l**äu**ft*	*st**ö**ßt*
wir	*nehmen*	*geben*	*empfehlen*	*fahren*	*laufen*	*stoßen*
ihr	*nehmt*	*gebt*	*empfehlt*	*fahrt*	*lauft*	*stoßt*
sie/Sie	*nehmen*	*geben*	*empfehlen*	*fahren*	*laufen*	*stoßen*

* Das Verb *stoßen* (und Ableitungen mit Präfixen, z. B. *anstoßen*, *umstoßen*) ist das einzige Verb mit Vokalwechsel **o → ö**.

Weitere häufige unregelmäßige Verben mit Stammvokalwechsel:
e → i/ie: *befehlen, brechen, empfehlen, erschrecken, essen, fressen, geben, helfen, lesen, messen*
a → ä: *backen, blasen, fahren, gefallen, graben, fangen, halten*
au → äu: *saufen*

Leicht gemerkt!

Das Wichtigste zum Verb:

Transitiv – intransitiv:
Transitive Verben haben ein Akkusativobjekt: *Sie mag* ***ihn***.
Intransitive Verben ein Dativ-, Genitiv-, Präpositional- oder gar kein Objekt: *Er hilft* ***ihr***. *Wir gedenken* ***der Toten***. *Sprich* ***mit ihr***. *Er schläft*.

Trennbare und untrennbare Präfixe
Trennbare Präfixe: ***ab-***, ***an-***, ***aus-***, ***auf-***, ***ein-***, ***her-***, ***hin-***, ***los-***, ***mit-***, ***nach-***, ***vor-***, ***weg-***, ***zu-***, ***zurück-***
Diese Präfixe tragen beim Sprechen die Wortbetonung.
Nicht trennbare Präfixe: ***be-***, ***emp-***, ***ent-***, ***er-***, ***ge-***, ***hinter-***, ***miss-***, ***ver-***, ***zer-***
Verben mit nicht trennbarem Präfix tragen beim Sprechen die Betonung auf dem Verbstamm.

Mit ***sein***, ***haben*** und ***werden*** als Hilfsverben bildet man zusammengesetzte Zeiten, das Passiv und den Konjunktiv, sie können aber auch Vollverben sein.

Die Modalverben ***dürfen***, ***können***, ***müssen***, ***sollen***, ***wollen*** und ***mögen*** stehen meist mit anderen Verben, die dann im Infinitiv am Satzende stehen. *Du* ***kannst*** *mein Fahrrad* ***nehmen***. ▶▶

Regelmäßige Verben
- Verbstamm ändert sich nicht
- Präteritum auf **-te**
- Partizip II auf **-t**

Unregelmäßige Verben
- Verbstamm ändert sich (Vokal)
- Präteritum meist endungslos
- Partizip II auf **-en**

Merken Sie sich die **drei Stammformen** der Verben; denn diese drei Stammformen zeigen Ihnen, wie Sie das Verb konjugieren müssen.

Infinitiv – Präteritum – Partizip II

spielen – spielte – gespielt; helfen – half – geholfen

Die Tempora

Handlungen und Geschehen können in verschiedenen Zeiten stattfinden:

in der Gegenwart – es passiert im Moment
in der Vergangenheit – das Geschehen ist vorbei
in der Zukunft – das Geschehen kommt noch

Im Deutschen gibt es sechs verschiedenen Tempora.

Vergangenheit ← **Gegenwart** → **Zukunft**

Plusquamperfekt	Präteritum	Perfekt	Präsens	Futur II	Futur I
ich hatte gelesen	*ich las*	*ich habe gelesen*	*ich lese*	*ich werde gelesen haben*	*ich werde lesen*

Das Präsens

Das Präsens bezeichnet meist ein Geschehen in der Gegenwart.
Es gibt jedoch einige Möglichkeiten, die Gegenwart zu modifizieren.

Etwas geschieht im Moment.	*Er wäscht gerade das Auto.*
Wiederholte Handlungen	*Ich stehe jeden Morgen um 6 Uhr auf.*
Allgemein Gültiges	*Die Woche hat sieben Tage.*
Historisches Präsens	*1989 fällt die Berliner Mauer.*

Etwas, was früher begann, dauert bis jetzt an.	*Ich lebe seit drei Monaten in Deutschland.*
Zukünftiges Geschehen	*Morgen ziehe ich in die neue Wohnung.*

Die Bildung des Präsens

Die Bildung der Präsensformen der regelmäßigen und unregelmäßigen Verben wird auf den S. 79 bis 81 beschrieben. Hier werden die Präsensformen der Hilfs- und der Modalverben gezeigt.

Die Personalformen von *haben, sein* und *werden* im Präsens

	haben	***sein***	***werden***
Singular			
1. Person	*ich habe*	*ich bin*	*ich werde*
2. Person	*du hast*	*du bist*	*du wirst*
3. Person	*er/sie/es hat*	*er/sie/es ist*	*er/sie/es wird*
Plural			
1. Person	*wir haben*	*wir sind*	*wir werden*
2. Person	*ihr habt*	*ihr seid*	*ihr werdet*
3. Person	*sie/Sie haben*	*sie/Sie sind*	*sie/Sie werden*

Die Modalverben im Präsens

können	**wollen**	**dürfen**	**sollen**	**mögen**	**müssen**
ich kann	*ich will*	*ich darf*	*ich soll*	*ich mag*	*ich muss*
du kannst	*du willst*	*du darfst*	*du sollst*	*du magst*	*du musst*
er kann	*er will*	*er darf*	*er soll*	*er mag*	*er muss*
wir können	*wir wollen*	*wir dürfen*	*wir sollen*	*wir mögen*	*wir müssen*
ihr könnt	*ihr wollt*	*ihr dürft*	*ihr sollt*	*ihr mögt*	*ihr müsst*
sie/Sie können	*sie/Sie wollen*	*sie/Sie dürfen*	*sie/Sie sollen*	*sie/Sie mögen*	*sie/Sie müssen*

Das Perfekt

Das Perfekt kann ein vergangenes Geschehen bezeichnen. Es wird vor allem in der gesprochenen Sprache, aber auch in privater oder halbformeller Schriftsprache benutzt.

Das Perfekt kann aber auch ein Geschehen ausdrücken, das vor der Gegenwart liegt.

Er ist zur Schwimmhalle gefahren, wo er jetzt trainiert.
Ich habe heute mit Peter telefoniert.

Die Bildung des Perfekts

Das Perfekt wird mit *haben* oder *sein* im Präsens und dem Partizip II des Verbs gebildet.

Man unterscheidet:

regelmäßige Verben ***ge-*** + Verbstamm + ***-t*** (***-et*** bei ***-d***, ***-t***, am Ende des Verbstamms)	**unregelmäßige Verben** ***ge-*** + Verbstamm + ***-en*** Änderung von Vokal und Konsonant möglich	**Mischformen** ***ge-*** + Verbstamm + ***-t*** und Änderung des Stammvokals
reisen – ***ge****reis****t***	*sehen* – ***ge****seh****en***	*denken* – ***ge****dach****t***
leisten – ***ge****leist****et***	*helfen* – ***ge****holf****en***	*kennen* – ***ge****kann****t***
schmecken – ***ge****schmeck****t***	*beißen* – ***ge****biss****en***	*wissen* – ***ge****wuss****t***

▶ Partizipien, S. 75 ff.

Das Perfekt mit *haben*

Die meisten Verben bilden das Perfekt mit ***haben.***

- Verben mit Akkusativobjekt
  Wann ***hast*** *du dieses Buch* ***gelesen****?*
- Verben ohne Objekt
  Ich ***habe*** *geduscht. Es* ***hat*** *geregnet.*
- reflexive Verben
  Er ***hat*** *sich sehr* ***geschämt****.*

Das Perfekt mit *sein*

Folgende Verben bilden das Perfekt mit *sein*:

- Verben der Ortsveränderung A → B

  *Das Kind **ist** in die Küche **gelaufen**.*

- Verben, die sich auf eine Zustandsänderung beziehen

  *Er **ist** plötzlich aufgestanden.*

- Die Verben *sein* und *bleiben* und *werden*

  *Er **ist** in der Speisekammer **gewesen**.*
  *Er **ist** dort **geblieben**, bis kein Fleischklößchen mehr da war.*
  *Zum Schluss **ist** ihm schlecht **geworden**.*

! Manche Verben können das Perfekt mit *sein* und *haben* bilden.
a) *Ich **habe** gesessen.* norddeutsch
*Ich **bin** gesessen.* österreichisch und süddeutsch

b) *Ich **bin** nach München gefahren.* (Verben der Bewegung)
*Ich **habe** Maria nach München gefahren.* (Verb mit Objekt)

Das Perfekt der Modalverben

Das Perfekt der Modalverben wird mit *haben* gebildet. Es wird selten benutzt. Gebräuchlicher ist das Präteritum.

Perfekt	Präteritum
*Ich habe gestern nicht fernsehen **können**. (nicht: gekonnt!)*	*Ich **konnte** gestern nicht **fernsehen**.*
Modalverb im Infinitiv	Modalverb + Vollverb

*Ich habe gestern nicht **gekonnt**.*	*Ich **konnte** gestern nicht.*
*Er **hat** das wirklich **gewollt**.*	*Er **wollte** das wirklich!*
Modalverb im Partizip II	nur Modalverb

! Das Perfekt der anderen Modalverben wird ebenso gebildet (entweder mit Infinitiv oder Partizip II).

Das Perfekt von Verben, die mit Infinitiv stehen

Sie bilden das Perfekt wie alle anderen Verben mit *haben* oder *sein* und mit dem Partizip II. Der nachfolgende Infinitiv bleibt erhalten:

Präsens: *Bei dem schönen Wetter gehen wir spazieren.*
Perfekt: *Bei dem schönen Wetter* ***sind*** *wir heute* ***spazieren gegangen***.

! Allerdings gibt es folgende Ausnahmen: Bei den Verben ***hören, sehen*** und ***lassen*** steht anstelle des Partizips der Infinitiv.

hören – *Der Chorleiter hat den Jungen singen* ***hören.***
(**nicht**: *gehört*)

sehen – *Den Streit habe ich kommen* ***sehen.***
(**nicht**: *gesehen*)

lassen – *Wir haben das Haus wieder aufbauen* ***lassen.***
(**nicht**: *gelassen*)

Das Perfekt der Verben mit der Infinitivendung *-ieren*

Hierbei handelt es sich um Verben, die aus anderen Sprachen übernommen wurden. Diese Verben haben kein ***-ge-*** im Perfekt.

passieren: *Ihm ist bei dem Unfall nichts* ***passiert.***
probieren: *Er hat den Kuchen* ***probiert.***
studieren: *Er hat in Dresden* ***studiert.***

Das Perfekt von Verben mit Präfix

Bei diesen Verben muss man zwischen trennbaren und untrennbaren Präfixen unterscheiden.

trennbares Präfix	**untrennbares Präfix**
-ge- zwischen Präfix und Verb	ohne ***-ge-***
*Er hat zu**ge**hört.*	*Wir haben Prag **be**sucht.*
*Sie ist nicht weg**ge**laufen.*	*Die Sängerin ist sehr **er**schrocken.*

Das Präteritum

Das Präteritum liegt zeitlich vor dem Perfekt. Es beschreibt ein abgeschlossenes vergangenes Geschehen. Man verwendet es besonders in der Schriftsprache.

Eine arme Witwe ***lebte*** *einsam in einer Hütte. Vor der Hütte war ein Garten, darin* ***standen*** *zwei Rosenbäumchen …*
Die Polizei ***fasste*** *den Täter noch am selben Tag.*

Die Bildung des Präteritums

Bei der Bildung des Präteritums wird zwischen regelmäßigen und unregelmäßigen Verben unterschieden.

Das Präteritum der regelmäßigen Verben:
Verbstamm + ***-t*** + Personalendung. Ein **e-Einschub** vor der Endung erfolgt wie beim Präsens, ▶ siehe S. 79/80.
Die unregelmäßigen Verben haben eigene Personalendungen.
Außerdem ändert sich im Präteritum meistens der Stammvokal.
▶ Liste der unregelmäßigen Verben, S. 152 ff.

regelmäßige Verben		**Verbendungen**		**unregelmäßige Verben**	**gemischte Verben**
wohnen	*reden*	regelmäßig	unregelmäßig	*gehen*	*bringen*
ich wohnte	*ich redete*	***-te***	(keine Endung)	*ich ging*	*ich brachte*
du wohntest	*du redetest*	***-test***	***-st / -est***	*du gingst*	*du brachtest*
er wohnte	*er redete*	***-te***	(keine Endung)	*er ging*	*er brachte*
wir wohnten	*wir redeten*	***-ten***	***-en***	*wir gingen*	*wir brachten*
ihr wohntet	*ihr redetet*	***-tet***	***-t***	*ihr gingt*	*ihr brachtet*
sie/Sie wohnten	*sie/Sie redeten*	***-ten***	***-en***	*sie/Sie gingen*	*sie/Sie brachten*

Das Präteritum von *haben, sein* und *werden*

haben	***sein***	***werden***
ich hatte	*ich war*	*ich wurde*
du hattest	*du warst*	*du wurdest*
er hatte	*er war*	*er wurde*
wir hatten	*wir waren*	*wir wurden*
ihr hattet	*ihr wart*	*ihr wurdet*
sie/Sie hatten	*sie/Sie waren*	*sie/Sie wurden*

Das Präteritum der Modalverben

Die Modalverben ***können, wollen, müssen, dürfen, sollen, mögen*** bilden das Präteritum wie die regelmäßigen Verben. Sie haben hier allerdings keinen Umlaut wie im Präsens.

	können	***wollen***	***müssen***	***dürfen***	***sollen***	***mögen***
ich	*konnte*	*wollte*	*musste*	*durfte*	*sollte*	*mochte*
du	*konntest*	*wolltest*	*musstest*	*durftest*	*solltest*	*mochtest*
er/sie/es	*konnte*	*wollte*	*musste*	*durfte*	*sollte*	*mochte*
wir	*konnten*	*wollten*	*mussten*	*durften*	*sollten*	*mochten*
ihr	*konntet*	*wolltet*	*musstet*	*durftet*	*solltet*	*mochtet*
sie/Sie	*konnten*	*wollten*	*mussten*	*durften*	*sollten*	*mochten*

Das Plusquamperfekt

Das Plusquamperfekt bezeichnet die Vorzeitigkeit zum Präteritum. Es steht nie allein, sondern immer im Zusammenhang mit anderen Handlungen, die danach passiert sind.

Vorzeitigkeit zur Vergangenheit — Vergangenheit

Plusquamperfekt ← **Präteritum**

(Das ist vorher passiert.)

Als wir unser Training ***beendet hatten****, gingen wir noch in eine Kneipe.*
Wir ***hatten*** *alles für die Gartenparty* ***vorbereitet****, als das Gewitter begann.*

Die Bildung des Plusquamperfekts

Das Plusquamperfekt wird mit dem Präteritum von ***haben*** oder ***sein*** + **Partizip II** gebildet.

▶ Vgl. Das Perfekt, S. 84 f.

Präteritum von *haben* oder *sein*	**Partizip II**
Sie ***hatten*** *(in der Schule)*	***gewartet.***
Sie ***waren*** *(in den Supermarkt)*	***gegangen.***

Das Futur I

Das Futur I bezeichnet ein Geschehen in der Zukunft: eine Prognose, eine Intention oder ein Versprechen.

Morgen werde ich endlich die Fenster putzen.

Es kann mit dem Wort ***wohl*** auch eine Vermutung ausdrücken.

John wird ***wohl*** *schon schlafen.*

Die Bildung des Futurs I

Das Futur I wird mit einer Personalform von *werden* im Präsens + Infinitiv gebildet.

ich werde schwimmen	*wir werden schwimmen*
du wirst schwimmen	*ihr werdet schwimmen*
er/sie/es wird schwimmen	*sie/Sie werden schwimmen*

Meist verwendet man aber das Präsens mit einer Zeitangabe, die deutlich macht, dass eine Handlung in der Zukunft passiert.

Ich besuche dich ***morgen****.*
Wir kommen ***nächste Woche*** *vorbei.*

Das Futur II

Das Futur II bezeichnet ein Geschehen in der Zukunft, das noch vor einem anderen Geschehen in der Zukunft stattfindet und als abgeschlossen betrachtet wird. Es kommt eher selten vor.

Zeit

Gegenwart	Zukunft	Zukunft →
	Futur II *Ich* ***werde*** *bereits die Koffer* ***gepackt haben****,*	Futur I *wenn du nach Hause kommen wirst.*

Meist verwendet man statt des Futur II das Perfekt und statt des Futur I das Präsens.

Ich habe bereits die Koffer gepackt, wenn du nach Hause kommst.

Mit dem Futur II kann man außerdem eine Vermutung über ein vergangenes Geschehen ausdrücken.

*Nach dem letzten Gespräch **wird** er seine Haltung **geändert haben**.* (Ich vermute, dass er inzwischen seine Haltung geändert hat, aber ich weiß es nicht.)

Die Bildung des Futurs II

eine Personalform von *werden* im Präsens	Partizip II des Verbs	Infinitiv von *haben* oder *sein*
*Er **wird** den Zug*	***verpasst***	***haben.***
*Wir **werden** morgen um diese Zeit*	***angekommen***	***sein.***

Die Modi

Mit einer Aussage verbindet der Sprecher in der Regel eine Absicht. Er kann z. B.

- etwas ganz Konkretes und Reales ausdrücken:
  *Er **gibt** mir das Messer.*
- etwas Gehörtes oder Gesehenes wiedergeben:
  *Der Mann sagte, er **gebe** mir das Messer.*
- sich etwas wünschen, was vielleicht gar nicht möglich ist:
  *Es wäre gut, wenn ich jetzt ein Messer **hätte**.*
- etwas befehlen:
  ***Gib** das Messer her!*

Wie die Beispiele zeigen, kann die Aussage sehr verschieden sein.

Für das Verb gibt es folgende Modi:

Modus	**Beispiel**
der Indikativ	*Er **gibt** mir das Buch zurück.* *Er **ist** krank.*
der Konjunktiv I	*Er sagte, er **gebe** mir das Buch zurück.* *Er sagte, er **sei** krank.*
der Konjunktiv II	*Er **gäbe** mir das Buch.* *Sie **wäre** gern Tänzerin.*
der Imperativ	***Steh** sofort auf!* ***Geh** bitte nach Hause.*

Die Haltung des Sprechers kann auch durch den Gebrauch von Modalverben deutlich werden. ► S. 68 ff.

Er möchte nicht zur Schule gehen. (Er hat keine Lust o. ä.)

Der Indikativ

Dieser Modus wird auch **Wirklichkeitsform** genannt. Der Indikativ drückt aus, was ist, was geschehen ist oder was noch geschehen wird.

Wir haben uns gestern ein Motorrad gemietet.
Nach drei Stunden haben wir es dann wieder abgegeben.

Die Konjunktive

Die Konjunktive haben die Aufgabe, **Formen der Möglichkeit** auszudrücken. Dafür gibt es den Konjunktiv I und II. Beide Konjunktive haben ganz spezielle Funktionen.

Der Konjunktiv I

Der Konjunktiv I ist typisch für die indirekte Rede.

Der Pfarrer erzählt in der **direkten Rede** gegenüber einem Reporter:

*„Der Sturm hat heute Nacht das Dach unserer Kirche **zerstört**."*

Der Reporter berichtet am nächsten Tag im Fernsehen von seinem Gespräch mit dem Pfarrer. Er benutzt die **indirekte Rede:**

*Der Pfarrer erzählte, dass der Sturm gestern Nacht das Dach der Kirche zerstört **habe**.*

Der Sprecher zeigt durch die Verwendung des Konjunktivs, dass er die Rede eines anderen wiedergibt.

Die Tempora der indirekten Rede

Bei der indirekten Rede gibt es immer einen übergeordneten Satz, in dem die sprechende Person genannt wird. Sie kann in allen sechs Tempora stehen. Im zweiten Teil des Satzes erfährt man dann, worum es geht.

An der Wahl des Tempus kann der Hörer erkennen, wann das Geschehen stattfindet.
- **Konjunktiv I Perfekt**: Das Geschehen hat bereits stattgefunden. (vorher)
- **Konjunktiv I Präsens**: Das Geschehen findet im Moment des Sprechens statt. (gleichzeitig)
- **Konjunktiv I Futur**: Das Geschehen findet später statt. (nachher)

übergeordneter Satz	untergeordneter Satz
Der Pfarrer erzählt, …	Konjunktiv I Perfekt *dass der Sturm das Dach der Kirche **zerstört habe**.*
Das Kind sagte, … *Die Eltern haben gedacht, …*	Konjunktiv I Präsens *es **habe** Bauchschmerzen.* *dass es krank **sei**.*
Die Politiker versprachen, …	Konjunktiv I Futur *dass sich die Wirtschaft bald **erholen werde**.*

Bei Anleitungen liest man manchmal auch den Konjunktiv I,
- zum Beispiel in älteren Koch- und Backbüchern:
  Man nehme drei Eier und schlage sie in eine Schüssel.
- auf Packungsbeilagen von Medikamenten:
  Man nehme täglich drei Tropfen.
- oder in rhetorischen und religiösen Aussagen voller Pathos:
  Es lebe der König!
  Wer ohne Sünde ist, der werfe den ersten Stein.

Der Konjunktiv I wird hauptsächlich in Texten verwendet. In der Umgangssprache bevorzugt man den Konjunktiv II.
Er zeigte mir das neue Sofa und sagte, es wäre sehr bequem.

Die Bildung des Konjunktivs Präsens

Der Konjunktiv I Präsens wird vom Infinitiv des Verbs abgeleitet.

! Typisch sind die Verbendung ***-e*** in der ersten und dritten Person Singular (außer *sei*) sowie der ***e***-Einschub in der 2. Person Singular und Plural. Der Vokal ändert sich nicht.

Indikativ Präsens regelmäßig/unregelmäßig	**typische Endung**	**Konjunktiv I**	**typische Endung**
ich höre, ich rufe	***-e***	*ich höre, ich rufe*	***-e***
du hörst, du rufst	***-st***	*du hörest, du rufest*	***-est***
er hört, er ruft	***-t***	*er höre, er rufe*	***-e***
wir hören, wir rufen	***-en***	*wir hören, wir rufen*	***-en***
ihr hört, ihr ruft	***-t***	*ihr höret, ihr rufet*	***-et***
sie hören, sie rufen	***-en***	*sie hören, sie rufen*	***-en***

Die meisten Formen des Konjunktiv I lassen sich nicht unterscheiden von den Formen des Indikativ Präsens. In diesen Fällen benutzt man als Ersatz den Konjunktiv II.

Hilfsverben und Beispielverben im Konjunktiv I

Die Formen, die häufig benutzt werden, sind blau markiert. Für alle anderen Formen wird stattdessen meistens der Konjunktiv II benutzt.

	Hilfsverben			**Modalverben**		**Regel-mäßige Verben**	**Unregel-mäßige Verben**	
	sein	***haben***	***werden***	***müssen***	***wollen***	***kaufen***	***lassen***	***wissen***
ich	*sei*	*habe*	*werde*	*müsse*	*wolle*	*kaufe*	*lasse*	*wisse*
du	*seist*	*habest*	*werdest*	*müssest*	*wollest*	*kaufest*	*lassest*	*wissest*
er/sie/es	*sei*	*habe*	*werde*	*müsse*	*wolle*	*kaufe*	*lasse*	*wisse*
wir	*seien*	*haben*	*werden*	*müssen*	*wollen*	*kaufen*	*lassen*	*wissen*
ihr	*seiet*	*habet*	*werdet*	*müsset*	*wollet*	*kaufet*	*lasset*	*wisset*
sie/Sie	*seien*	*haben*	*werden*	*müssen*	*wollen*	*kaufen*	*lassen*	*wissen*

Die Bildung des Konjunktivs I Perfekt und Futur

Konjunktiv I Perfekt:

Er wird mit dem Konjunktiv I von *haben* oder *sein* + Partizip II des Vollverbs gebildet.

ich sei gekommen, er habe gegeben
Der Bäcker sagte, er habe heute keine Brötchen gebacken.

In der 1. Person Singular sowie in der 1. und 3. Person Plural benutzt man statt des Konjunktivs I den Konjunktiv II von *haben*, weil der Konjunktiv I Perfekt sich in diesen Formen nicht unterscheidet vom Indikativ Perfekt.

ich hätte gegeben, wir hätten gegeben, sie hätten gegeben
*Frau Müller hat erzählt, dass ihre Nachbarn Zwillinge bekommen **hätten**.*

Konjunktiv I Futur:

Er wird mit dem Konjunktiv I von *werden* + Infinitiv des Vollverbs gebildet.

er werde kommen, er werde geben
Die Kollegin sagte, sie werde morgen pünktlich sein.

In der 1. Person Singular sowie in den Pluralformen verwendet man jedoch den Konjunktiv II von *werden*, da die Formen des Konjunktivs I Futur sich nicht von den Indikativformen unterscheiden.

ich würde geben, wir würden geben, ihr würdet geben, sie würden geben
*Der Wetterbericht sagt, dass die Stürme in den kommenden Tagen zunehmen **würden**.*

Der Konjunktiv II

Indikativ	Konjunktiv II
Ich bin gern Tänzerin.	*Ich **wäre** gern Tänzerin.*
Ich fliege oft nach Australien, weil ich Pilot bin.	*Wenn ich Pilot **wäre, würde** ich oft nach Australien fliegen.*

- Mit dem Konjunktiv II können **irreale Sätze** ausgedrückt werden, meist mit ***wenn***.
  Wenn *ich viel Geld* ***hätte,*** *würde ich nicht mehr arbeiten.*
- Mit dem Konjunktiv II kann ein **höflicher Wunsch** ausgedrückt werden.
  Ich ***hätte*** *gern noch eine Tasse Kaffee.*
  Könnten *Sie mir bitte Zucker* ***bringen?***
  Wären *Sie so nett, mir noch ein Glas Sekt zu bringen?*
- Mit dem Konjunktiv II werden **irreale Wünsche** formuliert.
  Wenn ich nur einen Freund ***hätte****!*
- Mit dem Konjunktiv II kann man jemandem **einen Rat geben.**
  Mit deinem Wohnungsproblem ***würde*** *ich zum Mieterbund* ***gehen.***
  Du ***solltest*** *mehr auf deine Figur* ***achten.***
- **Irreale Vergleiche** stehen ebenfalls im Konjunktiv II.
  Sie tat so, als ob sie nichts ***wüsste.***

! Man verwendet den Konjunktiv II auch in der **indirekten Rede**, wenn die Formen von Indikativ und Konjunktiv I sich nicht unterscheiden, damit es keine Missverständnisse gibt:
Konjunktiv I/Indikativ: *Der Lehrer sagte, die Kinder* ***müssen*** *besser aufpassen.*
→ Konjunktiv II: *Der Lehrer sagte, die Kinder* ***müssten*** *besser aufpassen.*

Die Bildung des Konjunktivs II

Bei der Bildung des Konjunktivs II muss man zwischen regelmäßigen und unregelmäßigen Verben unterscheiden.

1. Die Formenbildung bei regelmäßigen Verben:

Verbstamm + Personalendungen des Präteritums (▶ S. 87 f.)

wohnen: Ich ***wohnte*** hier gerne, wenn es nicht so teuer wäre.
arbeiten: *Wenn er nicht so viel* ***arbeitete****, hätte er mehr Zeit.*

Da die Konjunktivform bei regelmäßigen Verben identisch ist mit dem Indikativ Präsens, verwendet man ***würde*** + **Infinitiv**.

wohnen: Ich ***würde*** hier gern wohnen, wenn es nicht so teuer wäre.
arbeiten: *Wenn er nicht so viel arbeiten* ***würde****, hätte er mehr Zeit.*

! Die Verben ***sollen*** und ***wollen*** werden fast nie mit ***würde*** + **Infinitiv** benutzt.

Wenn du es wirklich ***wolltest****, würdest du es tun.*
Ich finde, er ***sollte*** *besser auf seine Figur achten.*

2. Die Formenbildung bei unregelmäßigen Verben:

Bildung: Stamm des Präteritums + Endungen des Konjunktivs I. Die Vokale ***a, o, u*** werden zu ***ä, ö, ü***.

*ich k**a**m → ich k**ä**me, du k**ä**mest, er k**ä**me, wir k**ä**men, ihr k**ä**met, sie k**ä**men*
*ich z**o**g → ich z**ö**ge, du z**ö**gest, er z**ö**ge, wir z**ö**gen, ihr z**ö**get, sie z**ö**gen*
*ich tr**u**g → ich tr**ü**ge, du tr**ü**gest, er tr**ü**ge, wir tr**ü**gen, ihr tr**ü**get, sie tr**ü**gen*

Verbendungen des Konjunktivs II der unregelmäßigen Verben:

ich	*du*	*er/sie/es*	*wir*	*ihr*	*sie*
-e	***-(e)st***	***-e***	***-en***	***-(e)t***	***-en***

Wir waren der Meinung, er ***verlöre*** *den Prozess.*

Besonders gebräuchlich sind die Formen des Konjunktivs II bei folgenden Verben:

	haben	***sein***	***werden***	***bleiben***	***dürfen***
ich	*hätte*	*wäre*	*würde*	*bliebe*	*dürfte*
du	*hättest*	*wär(e)st*	*würdest*	*bliebest*	*dürftest*
er/sie/es	*hätte*	*wäre*	*würde*	*bliebe*	*dürfte*
wir	*hätten*	*wären*	*würden*	*blieben*	*dürften*
ihr	*hättet*	*wär(e)t*	*würdet*	*bliebet*	*dürftet*
sie/Sie	*hätten*	*wären*	*würden*	*blieben*	*dürften*

Außerdem treten die Konjunktiv-II-Formen noch bei folgenden Verben häufig auf:

gehen: *ich ginge ...* ***lassen:*** *ich ließe ...*
müssen: *ich müsste ...* ***wissen:*** *ich wüsste ...*

Bei anderen unregelmäßigen Verben verwendet man meist ***würde*** + **Infinitiv.**

Wir ***würden*** *zu Weihnachten in der Kirche* ***singen.***

Konjunktiv II Plusquamperfekt

Im Konjunktiv II gibt es nur eine Vergangenheitsform. Sie wird mit dem **Konjunktiv II** von ***haben*** und ***sein*** + **Partizip II** des Verbs gebildet.

Ich ***wäre*** *glücklich* ***gewesen****, wenn er mich* ***besucht hätte****.*

Leicht gemerkt!

Sie merken sich:

Konjunktiv II bei Bedingungen, Wünschen, Vermutungen etc., auch für die indirekte Rede

Konjunktiv I vor allem in schriftlichen Texten, bei indirekter Rede und in Anleitungen

Sie brauchen zwei Würfel. Kleben Sie bei einem der Würfel auf die sechs Seiten die folgenden sechs Zeitformen und Modi: Präsens, Perfekt, Präteritum, Futur, Imperativ, Konjunktiv II. Denken Sie sich nun ein unregelmäßiges Verb und würfeln Sie mit beiden Würfeln. Der normale Würfel gibt die Person vor (1=**ich**, 2=**du** etc.), der Zeitenwürfel die entsprechende Zeitform. Bilden Sie die korrekte Form.

Der Imperativ

Der Imperativ ist die Form für Befehle und Bitten oder Wünsche.

Befehl

Sitz!

Bitte

Komm bitte her!

Rat

Hör doch mit dem Rauchen auf!

Wunsch

Komm gut nach Hause!

! Der Unterschied zwischen einer Bitte, einer Aufforderung und einem Befehl liegt oft in der Intonation und Partikeln, zum Beispiel ***doch, mal, bitte ...***

Befehl: *Komm her!* – **Bitte:** *Komm doch bitte mal her.*

Die Bildung des Imperativs

Es gibt drei Formen des Imperativs:

Person	Imperativ
2. Person Singular	***Mach*** *bitte die Tür zu!*
2. Person Plural	***Lauft*** *doch schneller!*
höfliche Anrede (Sie)	***Legen*** *Sie den Gurt* ***an****!*

1. Imperativ 2. Person Singular:
Präsensstamm ohne das Pronomen ***du***; man kann ein **-*e*** anhängen: ***Höre! – Hör!***

Beachten Sie:

- **Stammvokaländerung** wie beim Präsens Indikativ gilt auch hier: **helfen** – ***Hilf mir!***
- Es muss ein **-*e*** angehängt werden, wenn der Stamm auf **-*d*** (z. B. *re**d**-en, sen**d**-en*), **-*t*** (z. B. *bie**t**-en, ret**t**-en*), unbetontes **-*ig*** (z. B. *beleid**ig**-en*) oder **Konsonant** + ***m*** bzw. ***n*** (z. B. *rech**n**-en, at**m**-en, wid**m**-en*) endet: ***rede, sende, biete, rette, beleidige, rechne, atme, widme!***

- **Aber:** Wenn der Konsonant vor dem ***-m*** bzw. ***-n*** ein ***m, n, l, r*** oder ***h*** ist, wird kein ***-e*** angehängt: *ko**mm**-en*: ***komm!***; *le**rn**-en*: ***lern!***; *re**nn**-en*: ***renn!***; *qua**lm**-en*: ***qualm!***; *nacha**hm**-en*: ***ahm nach!***
- Bei Verben auf ***-eln*** entfällt das ***-e*** im Verbstamm: *samm**eln***: ***sammle!***; *kling**eln***: ***klingle!***

2. Imperativ 2. Person Plural:
entspricht der 2. Person Plural Präsens ohne das Pronomen ***ihr***:
Geht! Atmet! Rennt! Wandert! Sammelt!

3. Imperativ der höflichen Anrede mit *Sie*:
entspricht dem Infinitiv des Verbs, das Pronomen ***Sie*** steht dahinter:
Kommen Sie! Gehen Sie! Wandern Sie! Atmen Sie! Rennen Sie!

Besondere Imperativformen von *haben, sein, werden*:

	du	***ihr***	***Sie***
haben	***Hab*** *doch Geduld!*	(Aber regelmäßig: ***Habt*** *Geduld!*)	(Aber regelmäßig: ***Haben*** *Sie Geduld!*)
sein	***Sei*** *nicht so laut!*	***Seid*** *doch nicht so laut!*	***Seien*** *Sie bitte nicht so laut!*
werden	***Werd(e)*** *glück-lich!*	(Aber regelmäßig: ***Werdet*** *glücklich!*)	(Aber regelmäßig: ***Werden*** *Sie glücklich!*)

Der Imperativ bei Verben mit trennbarem Präfix:

abwaschen – ***Wasch*** *jetzt bitte* ***ab!***
weggehen – ***Geh weg!***

Der Verbzusatz steht am Ende des Satzes.

Aufforderungen, Ratschläge usw. können auch mit anderen grammatischen Mitteln wie Infinitiven oder Modalverben ausgedrückt werden.
Infinitiv: *Bitte alle Fenster* ***schließen!*** *Bittel alle mal* ***zuhören!***
Modalverb: *Du* ***sollst*** *jetzt still sein. Ihr* ***müsst*** *jetzt gehen.*

Das Passiv

Ein Geschehen kann aus zwei Perspektiven betrachtet werden:

Das Aktiv:

Ich gieße die Blumen.

Das Passiv:

Die Blumen werden gegossen.

Beim **Aktiv** steht die handelnde Person im Mittelpunkt, beim **Passiv** der Vorgang selbst. Da die Person nicht wichtig oder bekannt ist, muss sie auch nicht genannt werden. Soll eine handelnde Person genannt werden, steht sie im Passivsatz in Verbindung mit der Präposition ***von***.

*Die Blumen werden **von** mir gegossen.*

Manchmal benutzt man auch die Präposition ***durch***.

*Das Kind wurde **durch** die Feuerwehr gerettet.*

Alle transitiven Verben (Verben mit Akkusativobjekt) bilden das Passiv.

Auch Sätze mit unpersönlichem ***es*** können im Passiv vorkommen.
▶ Kapitel 3, Der Gebrauch des Pronomens ***es***

***Es** muss heute noch aufgeräumt werden.*

Es gibt zwei Formen des Passivs:

das Vorgangspassiv	**das Zustandspassiv**
*Die Waschmaschine **wird repariert.***	*Die Waschmaschine **ist repariert.***
Der Ablauf der Handlung ist wichtig.	Der Zustand nach der Handlung ist wichtig.
Bildung: mit einer Personalform von *werden* + Partizip II	Bildung: mit einer Personalform von *sein* + Partizip II

Das Vorgangspassiv wird häufiger als das Zustandspassiv benutzt.

Das Passiv findet man vor allem in Sach- und Fachtexten. Man beschreibt mit dem Passiv, was mit einer Person oder Sache gemacht wird.

Die Bildung des Passivs

Die meisten transitiven Verben können das Passiv bilden.

*Der Monteur **repariert** die Waschmaschine.*
*Die Waschmaschine **wird** vom Monteur **repariert**.*

1. Das Präsens

Das Vorgangspassiv wird mit einer Personalform von ***werden*** **+ Partizip II** gebildet.

*Der Müll **wird** jede Woche **abgeholt**.*
*Nach dem Essen **wird** das Baby **gewickelt**.*

Das Zustandspassiv wird mit einer Personalform von ***sein*** **+ Partizip II** gebildet.

*Der Mülleimer **ist gesäubert**.*
*Jetzt **ist** es **gewickelt**.*

2. Das Präteritum

Das Vorgangspassiv wird mit einer Personalform von ***werden*** **im Präteritum + Partizip II** gebildet.

*Die Krankenschwester **wurde gerufen**.*
*Wir **wurden benachrichtigt**.*

Das Zustandspassiv wird mit einer Personalform von ***sein*** **im Präteritum + Partizip II** gebildet.

*Die Wunde **war gereinigt**.*
*Der Operationssaal **war** schon **vorbereitet**.*

3. Das Perfekt

Das Vorgangspassiv wird mit einer Personalform von ***sein*** **+ Partizip II +** ***worden*** gebildet.

! Das Partizip II von ***werden*** als Hilfsverb ist im Passiv ***worden*** (**nicht**: *geworden*)
*Der Fußballer **ist** für die Nationalmannschaft **ausgesucht worden**.*
(Zum Vergleich: *Der Fußballer ist später Trainer **geworden**.)*

Das Zustandspassiv wird mit einer Personalform von ***sein*** **+ Partizip II +** ***gewesen*** gebildet. Es wird aber nicht häufig verwendet.

*Der Operationssaal **ist** vor einer Stunde **vorbereitet gewesen**.*

4. Das Plusquamperfekt

Das Vorgangspassiv wird mit einer Personalform im **Präteritum von *sein* + Partizip II + *worden*** gebildet.

*Der Torwart **war** mehrmals vom Ball **getroffen worden**.*
*Wir **waren** vom Regen **überrascht worden**.*

Das Zustandspassiv wird mit einer Personalform von ***sein* im Präteritum + Partizip II + *gewesen*** gebildet. Es wird aber kaum benutzt.

*Der Supermarkt **war geöffnet gewesen**.*

5. Das Futur I

Das Vorgangspassiv wird mit einer Personalform von ***werden* + Partizip II + Infinitiv von *werden*** gebildet.

*Wir **werden** für die Generalprobe **angekleidet werden**.*

Das Zustandspassiv wird mit einer Personalform von ***werden* + Partizip II + *sein*** gebildet.

*Die Haustür **wird geschlossen sein**.*

6. Das Futur II

Das Vorgangspassiv wird mit einer Personalform von ***werden* + Partizip II + *worden sein*** gebildet.

*Die Haustür **wird geöffnet worden sein**.*

Das Zustandspassiv wird mit einer Personalform von ***werden* + Partizip II + *gewesen sein*** gebildet.

*Die Haustür **wird geschlossen gewesen sein**.*

7. Das Passiv des Konjunktivs I

Präsens: Es wird mit dem **Konjunktiv I von *werden* + Partizip II** gebildet.

*Die Verkäuferin sagte, der Computer **werde gebracht**.*

Perfekt: Es wird mit dem **Konjunktiv I von *sein* + Partizip II + *worden*** gebildet.

Die *Verkäuferin sagte, der Computer **sei gebracht worden**.*

8. Das Passiv des Konjunktivs II

Präsens: Es wird mit dem **Konjunktiv II von *werden* (*würd*~)** + **Partizip II** gebildet.

*Der Computer **würde gebracht**, wenn genug Personal da wäre.*

Perfekt: Es wird mit dem **Konjunktiv II von *sein* (*wär*~)** + **Partizip II** + ***worden*** gebildet.

*Der Computer **wäre gebracht worden**, wenn …*

9. Das Passiv bei Modalverben

Es wird mit einer **Personalform des Modalverbs** + **Partizip II** + **Infinitiv von *werden*** gebildet.

*Das Kind **muss** von seinem Mathelehrer mehr **gefördert werden**.*
*Die Türen dürfen nicht **geschlossen werden**.*

Sätze mit mit dem Pronomen ***man*** können einen Passivsatz ersetzen.
Hier wird ein neues Haus gebaut.
→ *Man baut hier ein neues Haus.*

7 Die Wortbildung

Eine Sprache ist etwas Lebendiges, etwas, das sich ständig verändert. Unbrauchbar gewordene Wörter verschwinden aus dem Sprachschatz und neue Wörter kommen dafür hinzu.
Grundlage der Wortbildung ist meist ein bekanntes Wort, das verändert oder einfach mit einem anderen kombiniert wird. So entstehen ständig neue Wörter.
Verschiedene Wortarten können in einer Wortfamilie zusammenkommen, deren Grundlage ein und dasselbe Wort ist.

Verben
***arbeit**en*
*ver**arbeit**en*
*er**arbeit**en*

Adjektive
***arbeit**sam*
***arbeit**sreich*

Die Grundlage der Wortbildung bildet der Wortstamm **arbeit-**

Substantive
*der **Arbeit**nehmer*
*die Ver**arbeit**ung*
*die **Arbeit**serlaubnis*
*das **Arbeit**sverhältnis*
*die Heim**arbeit***
*der Mit**arbeit**er*

Es gibt zwei Möglichkeiten der Wortbildung:
- die Ableitung: ***ver**kaufen, **ein**kaufen, käuf**lich**, kauf**bar***
- die Zusammensetzung: *der Kauf**mann**, der Kauf**rausch**, kauf**männisch***

Die Ableitungen

Ableitungen werden gebildet aus dem Wortstamm und
- einem Präfix: ***ver**reisen, **ab**reisen*
- einem Suffix: *stein**ig*** (***-ig*** kann nicht alleine stehen)

Durch Ableitungen können die Wortarten wechseln:

krank (Adjektiv) → *Krank**heit*** (Substantiv),
Schrift (Substantiv) → *schrift**lich*** (Adjektiv)

Der Stammvokal kann dabei wechseln:
*f**i**nden → F**u**ndbüro; d**e**nken → Ged**a**nke*

... oder es kommt zu einem Wechsel zwischen Vokal und Umlaut:

*h**o**ch – die H**ö**he; l**au**fen – der L**äu**fer*

Die Ableitungen mit nicht trennbaren Präfixen

Präfixe geben dem Wort eine ganz bestimmte Bedeutung.

Das Präfix steht vor dem Verb bzw. Wortstamm

Präfix	Bedeutung	Grammatik	Beispiel
be-	betont das Ergebnis einer Handlung	Verben immer mit Objekt; Perfekt wird mit ***haben*** gebildet	*beachten, bearbeiten, beantworten*
ent-	etwas wird entfernt		*entkommen, entlaufen, entladen*
er-	Ergebnis einer Tätigkeit; plötzlicher Beginn; plötzliches Ende		*erhellen, erstarren, Erwärmung, erblinden*
miss-	etwas ist nicht korrekt oder nicht gut		*missverstehen, misslingen, Missbrauch*
un-	bezeichnet einen Gegensatz oder etwas Negatives	Basiswort ist ein Substantiv oder Adjektiv. Es gibt keine Verben mit dem Präfix ***un-***	*unglücklich, unhöflich, Unruhe*
ver-	viele verschiedene Bedeutungen: etwas ist verschwunden, verkehrt, wird repariert oder verbunden	Verben immer mit Objekt; Perfekt wird mit **haben** gebildet	*verlassen, vermischen, verpacken, Verdunstung*
zer-	bezeichnet eine Zerstörung		*Zerstörung, zerbrechen, zerschneiden*

Die Ableitungen mit trennbarem Präfix

Trennbare Präfixe sind **Verbzusätze**, die vor Verben stehen. Sie können auch alleine stehen. ▶ Kapitel 6, Verben mit Zusätzen
Trennbare Präfixe gehören zu den Präpositionen oder Adverbien.

Verbzusatz + Verb stehen **nur** zusammen
- im Infinitiv: ***abfahren***
- oder am Ende eines Nebensatzes:

Ich brachte dich zum Bahnhof und wartete, bis der Zug ***abfuhr***.

▶ Kapitel 9, Haupt- und Nebensätze

Die Verbzusätze (trennbare Präfixe)

Verbzusatz	mögliche Bedeutung	Beispiele
ab-	von etwas weg	*abfahren, abreisen*
an-	sich nähern etwas hinzufügen	*anfreunden* *ankleben*
auf-	etwas öffnen die Richtung einer Bewegung (aufsteigend)	*aufschlagen* *aufladen* *aufrichten, aufstehen*
aus-	heraus etwas oder sich entfernen	*ausladen* *ausradieren, ausreisen*
bei-	etwas hinzufügen	*beilegen, beitragen*
ein-	nach innen	*einsteigen, einpacken*
(hier)her-	in Richtung des Sprechers	*herbringen, hierherkommen*
her(aus)-	von innen nach außen	*herauskommen*
hin-	zu einem Ziel	*hinfahren*
hinein-	von außen nach innen	*hineinfahren*
los-	etwas trennen mit etwas beginnen	*loslassen* *losfahren*
mit-	etwas gemeinsam tun	*mitkommen*
vor-	Richtung: nach vorn etwas im Voraus tun anderen etwas zeigen	*vorfahren* *vorfeiern, vorbestellen* *vorführen*
weg-	etwas ist nicht mehr da	*wegnehmen*
zu-	etwas schließen etwas tun, das zielgerichtet ist	*zudecken, zudrehen* *zusenden, zuwerfen*
zurück-	die Richtung ändern	*zurückkommen*

Die Ableitungen mit Suffixen

Suffixe sind Nachsilben, die nicht alleine stehen können. Es gibt Suffixe, die bei der Deklination der Substantive und Konjugation der Verben eine Rolle spielen. ▶ Kapitel 2 und 6
In diesem Abschnitt geht es um Suffixe zur Wortbildung der Substantive.

1. Substantive und ihre Suffixe

Suffixe bestimmen das Genus und die Bedeutung des Substantivs:

männliche Person: *der Verkäuf***er** weibliche Person: *die Verkäufer***in**

Sie sind ausführlich im Kapitel 2 dargestellt. ▶ Kapitel 2

Substantive können von verschiedenen Wortarten abgeleitet werden:

von einem Verbstamm	*reiben*	–	*Reib***ung**
von einem Substantiv	*der Lehrer*	–	*die Lehrer***schaft**
von einem Adjektiv	*frei*	–	*die Frei***heit**

Suffixe können sich regional voneinander unterscheiden:

*Häus***chen**	(norddeutsch/hochdeutsch)
*Häus***erl**	(bairisch)
*Häus***le**	(schwäbisch)
*Hüs***li**	(schweizerdeutsch)

Aus dem Infinitiv eines Verbs können Substantive gebildet werden:

rechnen	–	*das Rechnen*
springen	–	*das Springen*
essen	–	*das Essen*

Diese substantivierten Verben haben immer ein neutrales Genus.

2. Adjektive und ihre Suffixe

Adjektive können von verschiedenen Wortarten abgeleitet werden.

Die Ableitung vom Substantiv

Das Substantiv erhält am Ende des Wortes ein Suffix.

Substantiv	Suffix	mögliche Bedeutung	Beispiele
der Traum *der Zwang*	***-haft***	bezieht sich auf bestimmte Merkmale	*ein* ***traumhafter*** *Strand* *ein* ***zwanghaftes*** *Verhalten*
die Arbeit *das Gefühl*	***-los***	ohne	***arbeitslose*** *Jugendliche* *ein* ***gefühlloser*** *Mensch*
die Sonne *der Ehrgeiz*	***-ig***	eine bestimmte Art	*ein* ***sonniger*** *Tag* *ein* ***ehrgeiziger*** *Mensch*
Polen *Preußen* *die Laune*	***-isch***	Herkunft Zugehörigkeit	*ein* ***polnischer*** *Maler* *die* ***preußische*** *Armee* *das* ***launische*** *Kind*
die Demokratie *die Solidarität*	***-isch***	Fremdwörter (etwas betreffen)	***demokratische*** *Rechte* ***solidarisch*** *sein*
die Jugend *die Freundschaft*	***-lich***	eine Eigenschaft die Art und Weise	***jugendlich*** *aussehen* *eine* ***freundschaftliche*** *Beziehung*

Die Ableitung vom Verb

Der Verbstamm erhält ein Suffix.

Verb	Suffix	mögliche Bedeutung	Beispiele
machen	***-bar***	man kann etwas machen	*Das ist* ***machbar.***
sparen	***-sam***	wie jemand/etwas ist	*ein* ***sparsamer*** *Mensch*
leben	***-haft***	bezieht sich auf bestimmte Merkmale	*ein* ***lebhaftes*** *Kind*
wackeln	***-ig***	Art, Zustand	*ein* ***wackliger*** *Stuhl*
kämpfen	***-(er)isch***	Art und Weise von jemand/etwas	*eine* ***kämpferische*** *Haltung*
ärgern	***-lich***	Art und Weise von etwas/jemand	*eine* ***ärgerliche*** *Geschichte*

Einige Wörter können als Suffixe gebraucht werden.

	Bedeutung	Beispiele
-arm	wenig	*wasser**arm** – wenig Wasser*
-frei	ohne	*zucker**frei** – ohne Zucker*
-leer	ohne	*blut**leer** – ohne Blut*
-los	ohne	*ziel**los** – ohne Ziel*
-reich	viel	*kinder**reich** – viele Kinder*
-voll	viel	*rand**voll** – voll bis zum Rand*
-fest	etwas hält stand	*regen**fest** – gegen den Regen*
-wert	etwas ist gut	*sehens**wert** – etwas ist es wert, gesehen zu werden*

Die Zusammensetzungen (Komposita)

Im Deutschen kann man zwei oder mehr Wörter zu einem neuen Wort zusammensetzen.

Verben: ***zusammenschreiben***
Substantive: ***die Waschmaschine***
Adjektive: ***hellblau***

Das letzte Wort bestimmt die Wortart des Kompositums:
über (Präposition) + ***holen*** (Verb) = *über**holen*** (Verb)

... bei zusammengesetzten Substantiven bestimmt das letzte Substantiv das Genus. Man nennt es **Grundwort** oder Basiswort:

der Kaffee + ***die Tasse*** = ***die** Kaffeetasse*

... und nur das letzte Substantiv wird dekliniert:

*die Kaffeetasse**n** des Fachlehrer**s**.*

Das erste Wort erklärt das zweite Wort näher. Man nennt es **Bestimmungswort**:

*Das **Bügel**brett ist ein Brett **zum Bügeln**.*

Die Wörter werden zusammengesetzt: *die Weinflasche*
oder durch ein Fugenelement verbunden: *die Leben**s**mittel, das Tasche**n**tuch*

Bei einem Kompositum kann sich manchmal eine völlig neue Bedeutung ergeben.
Ein ***Kinderzimmer*** ist ein Zimmer für Kinder.
Ein ***Kindergarten*** ist kein Garten für Kinder, sondern eine Institution zur Kinderbetreuung.

Was kann zusammengesetzt werden?

1. Das zusammengesetzte Substantiv

Substantiv + Substantiv

die Kinder + *das Zimmer* = *das Kinderzimmer*
das Dorf + *der Spielplatz* = *der Dorfspielplatz*

Der Sonderfall: die Fugen

- Substantiv + ***e*** + Substantiv:
  bei Substantiven, deren Plural mit *-e* gebildet wird.
  der Hund (die Hunde) + *die Hütte* = *die Hund**e**hütte*
- Substantiv + ***er*** + Substantiv:
  bei maskulinen und neutralen Substantiven, die im Plural auf *-er* enden
  das Kind (die Kinder) + *der Tag* = *der Kind**er**tag*
- Substantiv + ***n*** + Substantiv:
  nach femininen Substantiven mit der Pluralendung *-en*
  die Birne (die Birnen) + *das Kompott* = *das Birn**en**kompott*
- Substantiv + ***s*** + Substantiv:
  immer nach Suffixen (Nachsilben) wie *-heit, -keit, -ung*
  die Gesundheit + **s** + *der Minister* = *der Gesundheit**s**minister*
- nach Infinitiven:
  schlafen + **s** + *die Zeit* = *die Schlafen**s**zeit*
- nach einigen Substantiven mit **-s** im Genitiv:
  der Säugling + **s** + *der Brei* = *der Säugling**s**brei*

Adjektiv + Substantiv

Das Adjektiv steht in der Grundform vor dem Substantiv.
schnell + *Straße* = *die Schnellstraße*
groß + *die Eltern* = *die Großeltern*
höchst + *der Lohn* = *der Höchstlohn* (Superlativ von *hoch*)

Verbstamm + Substantiv

Der Verbstamm steht vor dem Substantiv.

kochen + das Buch = das Kochbuch
waschen + die Maschine = die Waschmaschine
braten + der Fisch = der Bratfisch

Verbstamm + *e* + Substantiv

nach vielen Verben mit der Stammendung *b, d, g, t*

*lieg(en) + der Wagen = der Lie**ge**wagen*
*bind(en) + das Glied = das Bind**e**glied*

Präposition + Substantiv

Die Präposition steht vor dem Substantiv.

vor + die Geschichte= die Vorgeschichte
unter + das Hemd = das Unterhemd

2. Das zusammengesetzte Adjektiv

Substantiv + Adjektiv

Die Bedeutung der Adjektive wird durch ein Substantiv verstärkt.
Das Substantiv steht vor dem Adjektiv.

*der Stein + alt = steinalt ein **steinalter** Mann*
*die Luft + leer = luftleer ein **luftleerer** Raum*
*das Haus + hoch = haushoch Die Fußballer haben **haushoch** verloren.*

Im Deutschen spielen Komposita eine große Rolle. Ihre Anwendung vereinfacht den Satzbau.

*Hier ist das **Tagebuch des Schülers**. → Hier ist das **Schüler-tagebuch**.*
*Das ist ein **Bonbon gegen Husten**. → Das ist ein **Husten-bonbon**.*

Leicht gemerkt!

Das Wichtigste zur Wortbildung:

Ableitung
- mit Präfixen: ***zer**schneiden*, ***aus**gehen*
- mit Suffixen: *Frei**heit***, *traum**haft***

Zusammensetzung
- bei Substantiven: *Waschmaschine, Rinderbraten*
- bei Adjektiven: *haushoch, steinalt*

Bei Zusammensetzungen wird das Grundwort durch das Bestimmungswort näher definiert, d.h. eine *Waschmaschine* ist eine Maschine zum Waschen.
Es können auch mehr als zwei Teile zusammengesetzt werden, z. B. ***Mittelmeerkreuzfahrt*** oder ***Leberwurstbrot***. Manchmal entstehen sehr lange Wörter, z. B. die ***Landesbezirksfachbereichsvorstandssitzung*** (= die Sitzung des Vorstands des Fachbereichs des Bezirks eines Landes).

Spielen Sie *Wortkette*. Schreiben Sie ein Kompositum auf ein Blatt Papier. Betrachten Sie nun das letzte Teilwort als das erste Teilwort eines neuen Kompositums und schreiben Sie das neue Wort gleich darunter, z. B.

Käseglocke
Glocken**spiel**
Spielplatz
Platz**regen ...**

Sie werden natürlich hier und da Fugen (-**e**-, -**er**-, -**n**-, -**s**-) einfügen müssen.
Irgendwann finden Sie vielleicht kein neues Wort mehr. Fangen Sie dann einfach eine neue Kette an. Viel Spaß beim Suchen!

8 Die Konjunktionen

Konjunktionen nennt man auch **Bindewörter,** weil sie Wörter, Wortgruppen oder Sätze miteinander verbinden.

- Wörter:
  und: *Er kam mit vielen Koffern, Tüten* ***und*** *Taschen*
  oder: *Möchtest du Bier* ***oder*** *Wein?*
- Wortgruppen:
  sowie: *Sie hat Kai* ***sowie*** *seinen Vater zum Bahnhof gebracht.*
- Hauptsätze:
  aber: *Normalerweise fahren wir mit dem Fahrrad zur Arbeit,* ***aber*** *bei Regen nehmen wir den Bus.* ▶ Hauptsatzkombinationen, S. 142
- Haupt- und Nebensätze:
  weil: *Wir nehmen im Winter den Bus,* ***weil*** *es so kalt ist.*
  ▶ Nebensätze, S. 142 ff.

Es gibt neben- und unterordnende Konjunktionen.

Nebenordnende Konjunktionen

Das sind Konjunktionen, die gleichwertige Wörter, Wortgruppen oder Sätze miteinander verbinden.

1. Konjunktionen, die Wörter und Wortgruppen miteinander verbinden

kopulativ (ordnet gleichberechtigt nebeneinander)	
und	*Dirk kauft Brot* ***und*** *Butter.*
sowie	*Der Urlaub hat dem Kind* ***sowie*** *den Eltern gut getan.*
sowohl – als auch	*Sie mag* ***sowohl*** *Milch* ***als auch*** *Kakao.*
weder … noch	*Susanne hat* ***weder*** *einen Badeanzug* ***noch*** *einen Bikini.*

adversativ (drückt einen Gegensatz aus)	
nicht … sondern	*Er will* ***nicht*** *Fußball spielen,* ***sondern*** *nur zusehen.*
(zwar …) aber	*Er mag* ***(zwar)*** *Wein,* ***aber*** *heute nicht.*

disjunktiv (drückt eine Alternative aus)	
(entweder) … oder	*Wir können (****entweder****) zu dir* ***oder*** *zu mir gehen.*

2. Konjunktionen, die Hauptsätze verbinden

! Werden zwei Hauptsätze miteinander verbunden, verändert sich die Stellung der Wörter in beiden Sätzen nicht. Sie stehen gleichberechtigt nebeneinander.

Hauptsatz I		**Hauptsatz II**
Heute kommen unsere Freunde.		*Wir wollen ins Kino gehen.*
Verbindung mit der Konjunktion		
Heute kommen unsere Freunde	***und***	*wir wollen ins Kino gehen.*

► Hauptsatzkombinationen, S. 142

Das Verb bleibt in beiden Sätzen in 2. Position.

*Ich **habe** gestern **gebacken** **und** der Kuchen **ist** bereits **aufgegessen**.*

Die wichtigsten Konjunktionen, die Hauptsätze verbinden, sind:

	Hauptsatz	
	Verb nach dem Subjekt	**Verb vor dem Subjekt***
aufzählend (kopulativ)	*und, sowohl ... als auch, nicht nur ... sondern auch*	*außerdem, zusätzlich, ebenfalls, ferner*
ausschließend (disjunktiv)	*oder, beziehungsweise*	*entweder ... oder*
entgegensetzend (adversativ)	*aber, sondern, doch, (zwar ...) aber*	*trotzdem, dennoch*
einräumend (konzessiv)		*allerdings, indessen*
begründend (kausal)	*denn*	*darum, daher, deshalb*
folgernd (konsekutiv)		*also, folglich, infolgedessen, so, demnach, insofern*
zeitlich (temporal)		*dann, da, danach, daraufhin, zuerst*

* Diese Konjunktionen zählen auch zu den Adverbien.

! Ist das Subjekt im ersten und zweiten Satz gleich, kann man es im zweiten Satz weglassen.
Wir fahren nicht weg, sondern bleiben zu Hause.

Adverbien als Konjunktionen

Es gibt Adverbien, die als Konjunktion einen Hauptsatz einleiten können.

darum, außerdem, trotzdem, dagegen, sonst, so ...

Wenn diese Adverbien am Satzanfang (in Position 0) stehen, verändert sich die Reihenfolge von Subjekt und Verb:

	Hauptsatz	**Hauptsatz**
Konjunktion	*Ich mache Abendbrot,*	***denn*** *ich habe Hunger.*
Adverb	*Ich habe Hunger,*	***darum*** *mache ich Abendbrot.*

Die Position der Hauptsätze hat gewechselt und das Verb steht direkt hinter dem Adverb. ► Kausaladverbien, S. 131

Unterordnende Konjunktionen

Dies sind Konjunktionen, die einen Nebensatz einleiten.
► Konjunktionale Nebensätze, S. 143 ff.

Hauptsatz I	**Hauptsatz II**
Jeff trägt einen Regenmantel.	*Es regnet heute nämlich.*

Diese beiden Hauptsätze kann man durch eine unterordnende Konjunktion verbinden:

Hauptsatz	**Konjunktion**	**Nebensatz**
Jeff trägt einen Regenmantel,	***weil***	*es heute regnet.*

Aus dem zweiten Hauptsatz ist durch die Konjunktion ***weil*** ein Nebensatz geworden, der vom Hauptsatz abhängt. Vor der Konjunktion steht ein Komma. ► Konjunktionale Nebensätze, S. 143 ff.

Leicht gemerkt!

Die Stellung der Satzglieder bei unterordnenden Konjunktionen

Hauptsatz		**Nebensatz**
*Jeff **träg**t einen Regenmantel,*	***weil***	*es heute **regnet**.*
Das Verb steht auf Position 2.		Das Verb steht im Nebensatz am Satzende.

... bei zusammengesetzten Zeitformen

Hauptsatz	**Nebensatz**
*Ramona **trägt** einen nassen Mantel,*	***weil** es heute **geregnet hat**.*
	Hilfsverb am Satzende – direkt davor das Vollverb

Sie merken sich:
Im Nebensatz steht das konjugierte (finite) Verb am Ende. Alle anderen Verben im Nebensatz (Partizip, Infinitiv) stehen direkt davor.

Die unterordnenden Konjunktionen

temporal (drückt Zeitverhältnisse aus)	
als	*Er ging über die Straße, **als** er das Motorrad sah.*
bevor	*Wir haben aufgeräumt, **bevor** unsere Eltern nach Hause gekommen sind.*
bis	*Wir standen an der Haltestelle, **bis** der Bus kam.*
ehe	*Ich muss noch eine E-Mail schreiben, **ehe** ich nach Hause gehe.*
nachdem	*Endlich fand er einen Parkplatz, **nachdem** er eine Viertelstunde gesucht hatte.*
seit(dem)	*Ich habe ihn nicht gesehen, **seit** ich weggezogen bin.*
sobald	***Sobald** der Frühling kommt, geht es mir wieder gut.*
solange	***Solange** es regnet, bleiben wir im Haus.*

kausal (gibt einen Grund an)	
da	*Er kann nicht mitkommen, **da** er noch arbeiten muss.*
weil	*Ich bin ins Bett gegangen, **weil** ich müde war.*

final (gibt einen Zweck oder eine Absicht an)	
damit	*Ihr müsst jetzt gehen, **damit** ihr den Bus nicht verpasst.*
dass	*Ich beeile mich, **dass** ich pünktlich bei dir bin.*

konditional (gibt eine Bedingung an)	
falls	*Nimm die Badesachen mit,* ***falls*** *du noch schwimmen willst.*
wenn	*Ich helfe dir,* ***wenn*** *ich Zeit habe.*
konzessiv (schränkt etwas ein)	
obwohl ***obgleich***	***Obwohl*** *sie krank war, ging sie zur Arbeit.*
adversativ (beschreibt eine (zeitliche) Gegenüberstellung)	
während	*Der Busfahrer schlief,* ***während*** *die Touristen im Museumspark spazieren gingen.*
konsekutiv (beschreibt eine Folge)	
so dass ***so … dass***	*Die Sonne blendete mich,* ***so dass*** *ich meine Sonnenbrille aufsetzen musste.* *Er schlief* ***so*** *lange,* ***dass*** *er zu spät kam.*
komparativ (vergleichend)	
als	*Du bist schlauer,* ***als*** *ich dachte.*
als ob	*Er ging so schnell,* ***als ob*** *er keine Zeit hätte.*
wie	*Es kam,* ***wie*** *ich es erwartet hatte.*

! Bei einem Vergleich kann ***als*** oder ***wie*** auch ohne Verb stehen.
*Er ist beim Essen genau**so** langsam **wie** du.*
*Er ist größer **als** ich.*

Bis, seit und ***während*** können auch als Präposition stehen.
▶ Präpositionen, S. 118 ff.

*Wir können doch noch **bis** morgen warten.*
*Ich habe sie **seit** gestern nicht gesehen.*
*Er hat schon **während** des Abendbrots geschlafen.*

Dass kann auch eine Aussage einleiten:

*Martin sagte, **dass** er nicht kommen kann.*

9 Die Präpositionen

Die Präposition steht meistens vor einem Substantiv, vor einem Pronomen, Adverb oder einer Wortgruppe.
- vor einem Substantiv: *Die Kugel ist **aus Glas**.*
- vor einer Substantivgruppe: *Die Kugel ist **aus buntem Glas**.*
- vor einem Pronomen: *Ich spiele **mit ihr**.*

Wenige Präpositionen stehen nach der Wortgruppe:

- ***zuliebe*** (+ Dativ) steht immer nach seinem Bezugswort:
  *Die Besprechung fand ihm **zuliebe** auf Englisch statt.*

- ***entlang*** kann vor und nach seinem Bezugswort stehen:
  (Vor dem Bezugswort: + Dativ; gibt einen Ort an)
  ***Entlang** dem Flussufer wird ein Radweg gebaut.*
  (Nach dem Bezugswort: + Akkusativ; gibt eine Richtung an:)
  *Wir fuhren den Radweg **entlang**.*

Präpositionen drücken ein Verhältnis zwischen Personen, Dingen oder Sachverhalten aus. Jede Präposition kann verschiedene Verhältnisse ausdrücken, z. B. lokale, temporale, kausale und modale. Präpositionen verändern sich nicht. Man kann sie nicht deklinieren.

Man kann die Präpositionen auf Grund ihrer Bedeutung in Gruppen einteilen. Eine Präposition kann mehrere Bedeutungen haben.

Präposition	Fragewort	Beispiel
lokal	*Wo?*	***an** der Wand, **im** Haus*
direktional	*Wohin?*	***in** das Konzert, **nach** München*
	Woher?	***aus** dem Mittelmeer*
temporal	*Wann?*	***vor** dem Mittag, **in** einer Woche*
modal	*Wie?*	***mit** viel Lärm, **durch** einen Zufall*
	Womit?	***mit** dem Bus*
	Mit wem?	***mit** den Kindern*
kausal	*Warum?*	***wegen** der Ferien, **aus** Angst*
	Wodurch?	***durch** den Unfall*
final	*Mit welchem Ziel?*	***für** mich, **zur** Erfrischung*
	Zu welchem Zweck?	***für** die gute Laune, **zum** Geburtstag*

Präpositionen bestimmen den Kasus des nachfolgenden Wortes bzw. der nachfolgenden Wortgruppe. Daher kann man sie nach dem Kasus, den sie regieren, einteilen.

Präpositionen mit Akkusativ

lokal	**Beispiel im Akkusativ**
bis (ohne Artikel)	*Dieser Zug fährt **bis** Hamburg Altona.*
durch	*Ich gehe **durch** den Park.* *Er fährt im Sommer **durch** Deutschland.*
gegen	*Das Auto ist **gegen** die Mauer gefahren.* *Der Vogel ist **gegen** das Fenster geflogen.*
um	*Die Katze ist **um** das Haus geschlichen.*
um … herum	*Alle sitzen gespannt **um** den Tisch **herum**.*
entlang (nach dem Bezugswort)	*Das Liebespaar geht den Fluss **entlang**.* *Wir fahren die Allee **entlang**.*
temporal	
gegen	*Tom erwartet Tim **gegen** sieben Uhr.* ***Gegen** acht Uhr wollen wir essen.*
um	*Wir sehen uns **um** drei.* ***Um** 8.30 Uhr macht der Laden auf.*
bis	*Er hat **bis** elf Uhr geschlafen.* *Sie bleibt **bis** kommenden Sonntag.*
für	*Unser Au-pair-Mädchen bleibt **für** ein Jahr.*

kausal	
durch	*Er ist sehr verunsichert **durch** die Kündigung.* ***Durch** ihn habe ich dich kennen gelernt.*
final	
für	*Sie demonstrieren **für** den Frieden.* *Hier ist eine E-Mail **für** dich gekommen.*
gegen	*Sie sind **gegen** Gewalt.*
modal	
ohne	*Er wollte heute **ohne** Strümpfe losgehen.* *Das Menü bitte **ohne** die Vorspeise!*

Leicht gemerkt!

Immer mit Akkusativ:
bis, durch, für, gegen, ohne, um

Präpositionen mit Dativ

lokal	**Beispiel im Dativ**
ab	***Ab** dem Allgäu wurde das Wetter schön.*
bei	*Meine Großmutter wohnt **bei** meiner Tante.* *Du sollst dich nachher **beim** Chef melden.*
entlang	***Entlang** dieser Straße stehen Häuser aus dem 19. Jahrhundert.*
gegenüber	***Gegenüber** dem Kaufhaus ist eine Eisdiele.* *Plötzlich standest du mir **gegenüber**.*
direktional	
aus	*Sie kommt gerade **aus** dem Urlaub.* *Sie nimmt Geld **aus** der Kasse.*
nach	*Marie fährt **nach** Italien. Ich suche **nach** dem Zugfahrplan.*
von	*Die Muscheln sind **vom** Strand.* *Er kommt müde **von** der Arbeit.*
zu	*Wir fahren **zu** Oma und Opa.* *Ich muss **zum** Zahnarzt gehen.*
temporal	
ab (Beginn)	***Ab** Dienstag scheint die Sonne wieder.* *Sie geht **ab** nächstem Semester auf die Uni.*
an	***An** den Vormittagen arbeitet sie immer.* ***Am** Wochenende habe ich wieder mehr Zeit.*

bei	*Vorsicht **bei** der Abfahrt des Zuges!*
bis zu	*Sie wartet **bis zum** Mittag.*
nach	***Nach** der Schule bin ich immer müde.*
in	***In** der Pause esse ich ein Brötchen.*
in (Zukunft)	***In** zwei Wochen habe ich Geburtstag.* ***Im** April habe ich wieder mehr Zeit.*
seit (Vergangenheit bis jetzt)	***Seit** einem Monat ist er kaum zu Hause.* *Sie liebt ihn **seit** ihrer Jugend.*
von … bis	*Er war **vom** ersten **bis** zum letzten Tag fleißig.*
vor	*Er geht **vor der** Arbeit joggen.*
vor (Vergangenheit)	***Vor** einem Jahr war ich verliebt.*
zu	***Zu** Weihnachten essen wir immer Gans.*
zwischen	***Zwischen** dem 8. und 10. Oktober habe ich keine Zeit.*
kausal	
aus	***Aus** Furcht vor dem Gewitter flüchtete sie in den Keller.*
vor	*Du kannst **vor** Sehnsucht nicht mehr schlafen.*
wegen	***Wegen** der Grippewelle lassen wir uns impfen.*
modal	
mit	***Mit** meinem Motorrad bin ich schnell.*
in	***In** der großen Eile habe ich etwas vergessen.*
nach	*Wenn es **nach** mir geht, fahren wir jetzt los.*
außer	*Alle **außer** Tina waren in der Ausstellung.*

Leicht gemerkt!

Immer mit Dativ:
ab, aus, außer, bei, gegenüber, mit, nach, seit, von, zu

Präpositionen mit Akkusativ und Dativ

Es gibt Präpositionen, die mit dem Akkusativ und dem Dativ auftreten können.

an

auf

hinter

in

neben

über

unter

vor

zwischen

Wenn man eine **Richtung** (**Wohin?**) angibt, benutzt man die Präposition mit dem **Akkusativ**:

Ich stelle den Tisch ***an die Wand****.*
Ich lege das Messer ***auf den Tisch****.*
Er legt das Buch ***neben sich****.*
Sie geht ***vor die Tür****.*

Wenn man einen **Standort** (**Wo?**) angibt, benutzt man die Präposition mit dem **Dativ**:

Der Tisch steht ***an der Wand****.*
Das Messer liegt ***auf dem Tisch****.*
Das Buch liegt ***neben mir****.*
Sie steht ***vor der Tür****.*

Präp.	Beispiel + Akkusativ	Beispiel + Dativ
an	*Paula will* ***an*** *den Strand.* *Sie ruderten* ***an*** *das Ufer.*	***An*** *meiner Jacke sind Knöpfe.* *Der Spiegel hängt* ***an*** *der Wand.*
auf	*Er fährt* ***auf*** *die Insel.* *Sie geht* ***aufs*** *Gymnasium.*	***Auf*** *dem Berg steht ein Haus.* *Die Kinder spielen* ***auf*** *der Straße.*
hinter	*Er rennt* ***hinter*** *den Busch.* *Sie läuft* ***hinters*** *Haus.*	*Er steht* ***hinter*** *der Tür.* ***Hinter*** *der Kurve sieht man das Meer.*
in (ohne Artikel)	(Für Richtungsangaben bei Orts- und Ländernamen ohne Artikel benutzt man **nach** + Akkusativ)	***In*** *Berlin ist immer viel los.* ***In*** *Griechenland ist es oft sehr heiß.*
in	*Wir fahren* ***in*** *die Stadt.* *Ich lege das Buch* ***in*** *das Regal.*	*Sie kauft* ***in*** *der Stadt ein.* ***Im*** *Haus ist es warm und gemütlich.*
neben	*Ich lege mich* ***neben*** *dich.* *Er setzt sich* ***neben*** *mich.*	***Neben*** *der Kirche ist der Friedhof.* *Ich möchte* ***neben*** *dir sitzen.*
über	*Jan fliegt* ***über*** *Paris.* *Die Wolken ziehen* ***über*** *das Land.*	***Über*** *dem Tisch hängt eine Lampe.* *Die Wolken sammeln sich* ***über*** *dem Atlantik.*
unter	*Der Hund legt sich* ***unter*** *den Tisch.*	***Unter*** *der Brücke fließt ein Fluss.* *Der Hund liegt* ***unter*** *dem Tisch.*
vor	*Er legt das Päckchen* ***vor*** *die Tür.* *Stell die Schuhe* ***vor*** *die Tür.*	***Vor*** *dem Haus steht ein alter Baum.* *Ich warte* ***vor*** *dem Tor auf dich.*
zwischen	*Leg dich doch* ***zwischen*** *uns.* *Er stellt sich* ***zwischen*** *uns.*	*Das Kind schläft* ***zwischen*** *seinen Eltern.* ***Zwischen*** *den Gärten steht ein Zaun.*

Schauen Sie sich das Verb genau an. Ist eine Ortsergänzung gefragt (*Wo?*), dann nehmen Sie den Dativ. Wird nach der Richtungsergänzung (*Wohin?*) gefragt, nehmen Sie den Akkusativ.

Kurzformen aus Präposition + bestimmtem Artikel:
bei Präpositionen mit Dativ: *an + dem → am; bei + dem → beim; in + dem → im; von + dem → vom*
bei Präpositionen mit Akkusativ: *an + das → ans; auf + das → aufs; in + das → ins; zu + der → zur*

Präpositionen mit Genitiv

temporal	
während	***Während** des ganzen Winters lag Schnee.*
modal	
(an)statt/anstelle	*Ich nehme lieber Gemüse **(an)statt/ anstelle** des Fleisches.*
kausal	
wegen	*Wir sind **wegen** des Sturms abgefahren.*
trotz	*Er kam **trotz** des Staus pünktlich an.*

In der Umgangssprache bevorzugt man oft den Dativ.

Während des Konzerts …	*Während dem Konzert …*
Wegen des Sturms …	*Wegen dem Sturm …*
Trotz des Staus …	*Trotz dem Stau …*

Verben mit festen Präpositionen

Viele Verben stehen mit einer festen Präposition, die den Akkusativ oder Dativ verlangen.

denken — ***denken an*** + Akkusativ
*Ich denke sehr oft **an dich**.*

antworten — ***antworten auf*** + Akkusativ
*Einen Moment, bitte! Ich muss noch **auf eine SMS** antworten.*

fragen — ***fragen nach*** + Dativ
*Er fragte **nach dem Weg**.*

sich beschäftigen — ***sich beschäftigen mit*** + Dativ
*Er beschäftigt sich gerne **mit der Natur**.*

10 | Die Adverbien

Adverbien geben Informationen über:

Substantive: *Das Auto* ***da*** *ist falsch geparkt.*
Verben: *Sie können* ***hier*** *nicht halten.*
Adjektive: *Das ist eine* ***ziemlich*** *gute Frage.*
Adverbien: *Das ist* ***ganz*** *anders.*

Sie werden nicht dekliniert oder gesteigert (fünf Ausnahmen).
Man schreibt sie immer klein. *hier, gestern, trotzdem, beinahe, gern, kaum*

Adverbien kann man nach ihrer Bedeutung in Gruppen einteilen:

- Adverbien der Zeit (**temporal**), z. B. *morgens, manchmal, neulich*
- Adverbien des Ortes (**lokal**), z. B. *hier, vorwärts, herunter*
- Adverbien des Grundes und der Folge:
  kausal, z. B. *darum, deshalb, deswegen*
  konsekutiv, z. B. *folglich, demnach, also*
  konzessiv, z. B. *dennoch, allerdings*
  final, z. B. *dafür*
- Adverbien der Art und Weise (**modal**), z. B. *gern, vergebens, allerdings*

Fünf Adverbien haben Komparativ- und Superlativformen.

Positiv	Komparativ	Superlativ
bald, früh	*eher (früher)*	*am ehesten (am frühesten)*
gern	*lieber*	*am liebsten*
oft	*häufiger/öfter*	*am häufigsten*
sehr	*mehr*	*am meisten*
wohl (gut)	*wohler (besser)*	*am wohlsten (am besten)*

Lokaladverbien

Lokaladverbien geben an, wo sich jemand oder etwas befindet.

Wo?	Wo?	Wo?
hier (ganz nah)	***da*** (Anwesenheit)	***dort*** (etwas entfernt)
*Ich bin **hier**.*	*Der Gast ist **da**.*	*Er wartet **dort**.*
drinnen (drin) (im Raum)	***draußen*** (außerhalb eines Raumes)	***drüben*** (gegenüber)
*Willst du **drinnen** …*	*oder **draußen** warten?*	*Du kannst auch **drüben** warten.*
außen (Außenseite)	***innen*** (Innenseite)	***überall*** (an jedem Ort)
*Am Mantel fehlt **außen** ein Knopf.*	***Innen** habe ich ihn schon wieder angenäht.*	***Überall** liegen Knöpfe herum.*
irgendwo (der Ort ist nicht bekannt)	***nirgendwo (nirgends)*** (es gibt keinen Ort)	***woanders*** (an einem anderen Ort)
*Den Stein habe ich **irgendwo** gefunden.*	*Ich kann den Stein **nirgends** finden.*	*Ich muss ihn **woanders** liegen gelassen haben.*

! Man kann auch zwei Lokaladverbien miteinander kombinieren.
*Ist das Geld **hier drin?** Oder ist es **da drin?***

Die Stellung der Lokaladverbien im Satz

Das Lokaladverb kann an verschiedenen Stellen im Satz stehen.

Die häufigsten Lokaladverbien
Wo?
hier, dort, da, links, rechts, vorne, hinten, oben, unten, (dr)innen, (dr)außen, überall, irgendwo, nirgends/nirgendwo, drüben, nebenan, unterwegs …

Die Direktionaladverbien

Die Direktionaladverbien geben eine Richtung an.

Wohin?	
hinauf – hinunter	*Ich gehe die Treppe **hinauf**.*
vorwärts – rückwärts	*Du musst **vorwärts** einparken.*
aufwärts – abwärts	*Der Aufzug fährt **aufwärts**.*
nach links – nach rechts	*Sie müssen erst nach **links und***
geradeaus	*dann **geradeaus** fahren.*
nach oben – nach unten	*Er geht **nach unten** in den Keller.*
hierhin – dorthin – dahin	*Schaut doch mal **hierhin**!*
Woher?	
von dort	*Der Bus muss **von dort** kommen.*
von rechts – von links	*Der Radfahrer kam **von links**.*
von oben – von unten	*Das Geräusch kam **von oben**.*
von außen – von innen	*Ich habe **von innen** abgeschlossen.*

Direktionaladverbien mit *hin-* und *her-*

her- bedeutet: zum Sprecher – *Er kommt **herauf**.*

herauf-(klettern), ***herüber-***(rufen), ***herunter-***(kommen), ***heraus-***(laufen), ***herein-***(kommen)

hin- bedeutet: vom Sprecher weg – *Er geht **hinunter**.*

hinauf-(springen), ***hinüber-***(gehen), ***hinunter-***(schauen), ***hinaus-***(gehen), ***hinein-***(gehen)

Leicht gemerkt!

In der Umgangssprache sagt man:
rauf (= herauf oder *hinauf), rüber (= herüber* oder *hinüber), runter (= herunter* oder *hinunter), raus (= heraus* oder *hinaus), rein (= herein* oder *hinein).*

Die häufigsten Direktionaladverbien	
Wohin?	**Woher?**
hin, dorthin, hinauf, hinunter, hinab, hinaus, hinüber, hoch, herum, umher, vorwärts, rückwärts, abwärts, aufwärts, seitwärts, auswärts	her, dorther, herab, herunter, heraus, heran, her, weg, fort, los

Die Temporaladverbien

Temporaladverbien machen Angaben zur Zeit. Sie können **Zeitpunkte** oder **Zeiträume** in Gegenwart, Vergangenheit oder Zukunft beschreiben:

Wann?	Wann?
Zeitpunkt in der Gegenwart	**Zeitpunkt in der Vergangenheit**
jetzt	***eben*** (gerade, vor ein paar Minuten)
*Ich gehe **jetzt** arbeiten.*	*Sie hat **eben** abgewaschen.*
heute	***gestern, vorgestern***
***Heute** scheint die Sonne.*	***Gestern** schien die Sonne.*
gerade	***neulich, vor kurzem***
*Ich wasche **gerade** ab.*	***Neulich** habe ich abgewaschen.*
da (in dem Moment)	***vorhin***
*Ich saß in der Badewanne. **Da** klingelte es.*	*Du hast **vorhin** nicht aufgepasst.*
nun (jetzt, als nächstes)	***einmal*** (vor langer Zeit)
***Nun** hören wir auf zu lernen.*	*Es war **einmal** eine Zauberin …*

Zeitraum in der Gegenwart	Zeitraum in der Vergangenheit
heutzutage	***früher***
*Die Kinder sitzen **heutzutage** alle vor dem Computer.*	***Früher** war alles besser.*
	damals (zu der Zeit)
	***Damals** holte man das Wasser noch aus dem Brunnen.*

Zeitpunkt in der Zukunft
bald, morgen, übermorgen, später, demnächst
*Wir kommen **bald** wieder.*

Sie bezeichnen das Verhältnis zu einem anderen Zeitpunkt:
vorher, nachher, seitdem, inzwischen, zuerst, danach, dann, zuletzt
*Klaus hat sein Studium abgebrochen. **Seitdem** fährt er Taxi.*

zum Beispiel Angaben zur Vor- und Nachzeitigkeit:	
vorher, erst, zuerst	***nachher, dann, danach***
*Wollen wir spazieren gehen? Ja, aber **vorher** muss ich bügeln*	*und **nachher** muss ich noch aufräumen.*

Sie können die Häufigkeit angeben:	
Wie oft?	***nie, niemals, fast nie, selten, kaum, manchmal, ab und zu, oft, häufig, meistens, fast immer, immer, stets***

... oder eine Dauer:		
schon	*Bist du schon fertig?*	(schneller als gedacht)
noch	*Ich bin noch nicht fertig.*	(es dauert etwas länger)
erst	*Ich werde erst nächste Woche fertig.*	(später als gedacht)

Sie machen Angaben zu Tagen und Tageszeiten:
morgens, mittags, abends
Morgens *mache ich Frühstück.*
montags, dienstags, freitags
Freitags *essen wir Fisch.* (immer)

... und zu Wochen, Monaten usw.:
täglich, wöchentlich, monatlich, jährlich

Die Modaladverbien

Die Modaladverbien geben die Art und Weise an.
Sie können bewerten, eine Annahme oder Wahrscheinlichkeit ausdrücken:

Bewertung	
glücklicherweise	*Als das Wasser aus der Waschmaschine lief, war sie* ***glücklicherweise*** *zu Hause.*
hoffentlich	***Hoffentlich*** *ist der Winter bald vorbei.*
leider	*Ich habe* ***leider*** *vergessen, wann du Geburtstag hast.*
dummerweise	***Dummerweise*** *bin ich zum Vorstellungsgespräch zu spät gekommen.*
natürlich	*Willst du mit zum Fußball kommen?* ***Natürlich*** *(will ich das).*
wirklich	*Der schottische Tanz hat* ***wirklich*** *Spaß gemacht.*

Annahme	
anscheinend	*Er läuft jeden Tag 15 Kilometer. **Anscheinend** macht es ihm Spaß.*
Wahrscheinlichkeit	
bestimmt	*Ich habe den ganzen Tag gewartet. Er hat mich **bestimmt** vergessen.*
eventuell	*Ich habe **eventuell** noch eine Freikarte für euch.*
sicherlich	*Die ist **sicherlich** nicht mehr gültig.*
wahrscheinlich	***Wahrscheinlich** werden wir am nächsten Wochenende in den Harz fahren.*
vielleicht	***Vielleicht** liegt dort noch ein wenig Schnee.*

! Wörter mit Adjektiv + ***-weise*** sind immer Adverbien. Sie geben Auskunft über die Umstände, unter denen etwas geschieht.

Die Graduierung mit Hilfe von Modaladverbien

Modaladverbien können Adjektive **verstärken**:

*Das sind **sehr** schöne Hemden.*

... oder **abschwächen**:

*Das ist **nur** ein kleiner Hund.*

▶ Die Verstärkung von Adjektiven, S. 52

Die Konkretisierung mit Hilfe von Modaladverbien

nur	*Ich wohne in der Stadt, denn **nur dort** finde ich Arbeit.*
auch	*Ich wasche immer das Auto, jetzt bist **auch du** mal dran.*
sogar	*Der neue Apfelbaum ist toll, er trägt **sogar** schon **Früchte**.*

Die Stellung der Modaladverbien im Satz

Das Adverb steht am Satzanfang oder in der Satzmitte.
Bei der Negation steht es nach ***nicht***.

Satzanfang		Satzmitte		Satzende	
Die Verkäuferin	*möchte*	***sicherlich***	*eine Pause*		*machen.*
Der Kunde	*kauft*	*nicht*	***gern***	*hier*	*ein.*
Bettina	*liest*	*abends*	***gern***	*ein Buch.*	
Wahrscheinlich	*ist*	*das Kleid*			*zu teuer.*

Die Kausaladverbien

Kausaladverbien nennen Grund, Folge oder Zweck. Sie können an Stelle einer Konjunktion stehen.

▶ kausale Konjunktionen, S. 116

Was kann logisch verbunden werden?		
Kausaladverb	**Grund**	**Konsequenz**
deshalb	*Ich will mein Studium beenden.*	***Deshalb** mache ich gerade die Prüfung.*
daher	*Willi hat eine große Familie.*	***Daher** muss er zweimal Geburtstag feiern.*
darum	*Sebastian spielt Schlagzeug.*	***Darum** ist es immer laut im Haus.*
deswegen	*David surft jede freie Minute im Internet.*	***Deswegen** ist die Rechnung so hoch.*
	Konsequenz	**Grund**
nämlich	*Max muss seine Hände waschen.*	*Sie sind **nämlich** ganz schmutzig.*
	Feststellung	**logische Folge**
also	*Der Ehemann hat ein Alibi.*	*Er kann **also** nicht der Täter sein.*
	Feststellung	**Konsequenz ist anders als erwartet**
trotzdem	*Draußen ist es kalt.*	***Trotzdem** will ich spazieren gehen.*
	Notwendigkeit	**sonst negative Konsequenz**
sonst	*Du musst unbedingt mitspielen.*	***Sonst** verlieren wir gegen diese starke Mannschaft.*

Die Stellung der Kausaladverbien im Satz

Satzanfang	Position 2	Satzmitte	Satzende
Es	*ist*	*kalt.*	
Trotzdem	*möchte*	*ich ein Eis*	*essen.*
Beim Italiener	*schmeckt*	*es **nämlich** so gut.*	

! Kausaladverbien können am Satzanfang oder in der Satzmitte stehen. ***Nämlich*** steht immer in der Satzmitte.

Pronominaladverbien

Viele Verben, Nomen und Adjektive werden zusammen mit einer festen Präposition gebraucht, der ein Objekt in einem bestimmten Kasus folgt. Bei Dingen und ganzen Aussagen werden hier häufig auch Pronominaladverbien benutzt, die ein Substantiv mit Präposition ersetzen, damit das Substantiv nicht wiederholt werden muss.

Hoffentlich ist bald das Essen fertig. Wir warten schon lange auf das Essen. → Wir warten schon lange darauf.
Nun hat er mehr Zeit fürs Segeln. Letztes Jahr hatte er kaum Zeit fürs Segeln. → Letztes Jahr hatte er kaum Zeit dafür.

Bei Fragen werden bestimmte Pronominaladverbien benutzt, die mit ***wo-*** beginnen (Frageadverbien). Sie stehen auf Position 1 (am Satzbeginn) im Fragesatz.

Worauf wartet ihr? - Wir warten auf das Essen.
Wofür hat er nun Zeit? – Er hat nun Zeit fürs Segeln.
Wobei hast du dich verletzt? – Ich habe mich beim Sport verletzt.

! Pronominaladverbien beziehen sich nur auf ganze Aussagen oder Sachen, aber **nie** auf Lebewesen.

! ***Auf wen*** *freust du dich? – Ich freue mich* ***auf meinen Vater****. Ich freue mich sehr* ***auf ihn****.*
Mit wem *lebst du zusammen? – Ich lebe* ***mit Martha*** *zusammen. Ich lebe schon seit drei Monaten* ***mit ihr*** *zusammen.*

Die Bildung

Pronominaladverbien werden aus einem Adverb und einer Präposition gebildet.

! Folgen zwei Vokale aufeinander, wird ein ***r*** eingeschoben.

Präposition	Pronominaladverb	Kurzform	Frageadverb
an	daran	dran	woran
auf	darauf	drauf	worauf
aus	daraus	draus	woraus
bei	dabei	-	wobei
durch	dadurch	-	wodurch
entlang	da entlang	-	wo entlang
für	dafür	-	wofür
gegen	dagegen	-	wogegen
hinter	dahinter	-	wohinter
in	darin	drin	worin/worein
mit	damit	-	womit
nach	danach	-	wonach
über	darüber	drüber	worüber
von	davon	-	wovon
vor	davor	-	wovor
wegen	deswegen	-	weswegen
zu	dazu	-	wozu
zwischen	dazwischen	-	wozwischen

Ich habe mir einen Kaffeeautomaten gekauft. ***Damit*** *(= mit dem Kaffeeautomaten) kann ich auch Latte Macchiato machen.*

Morgen gehe ich zu Sarahs Party. Ich freue mich schon sehr ***darauf*** *(= auf die Party). (sich freuen auf + Akkusativ)*

Morgen ist Feiertag. - ***Daran*** *(= an den Feiertag) habe ich noch gar nicht gedacht. (denken an + Akkusativ)*

Ich rauche jetzt eine Zigarette. Hat jemand etwas ***dagegen*** *(= gegen das Rauchen)? (etwas haben gegen + Akkusativ = etwas ablehnen)*

Wovor *hast du Angst? – Ich habe Angst vor Schlangen. (Angst haben vor + Dativ)*

Aber bei Personen: *Vor wem hast du Angst? – Vor meinem Chef.*

Für viele Pronominaladverbien mit ***da-*** gibt es auch Entsprechungen mit ***hier-***. Sie werden aber nicht so häufig benutzt.

Er ist von der Mauer gesprungen. ***Dabei / Hierbei*** (= beim Sprung von der Mauer) *hat er sich am Fuß verletzt.*

11 Die Modalpartikeln

*Sie liebt ihn **doch**. Sie liebt ihn **bloß**. Sie liebt ihn **halt**.*

Modalpartikeln werden vor allem in der gesprochenen Sprache benutzt, um Emotionen oder Haltungen des Sprechers auszudrücken:

Modalpartikel	Beispielsatz	mögliche Sprecherhaltung
aber	*Das ist **aber** nett von Ihnen!*	Überraschung
bloß	*Was habe ich da **bloß** gemacht?*	verstärkt eine Emotion
denn	*Wo wohnst du **denn**?*	freundliche Nachfrage
doch	*Das habe ich mir **doch** gedacht.* *Du wolltest **doch** gestern kommen.* *Hör **doch** zu!*	Bekräftigung Erwartung wird nicht erfüllt Eine Aufforderung verstärken
eben/halt	*So ist das **eben**.*	es ist nicht zu ändern
eigentlich	*Was willst du **eigentlich**?*	Verstärkung besonders von Fragen
etwa	*Hast du **etwa** dein Brot nicht aufgegessen?*	In Fragen: Erstaunen über eine Tatsache
ja	*Du bist **ja** schon da!* *Ich habe es **ja** gewusst.*	Überraschung sich bestätigt fühlen
mal	*Schau doch **mal!*** *Mach **mal** bitte das Fenster zu!*	eine Aufforderung freundlicher formulieren
schon	*Ich denke, der Brief wird **schon** wichtig sein.*	Verstärkung einer Vermutung
wohl	*Das habe ich **wohl** vergessen.*	Vermutung

Die Stellung im Satz

Die Modalpartikeln stehen nie in Position 1 des Satzes, sondern meistens in der Satzmitte.

Satzanfang		Satzmitte	Satzende
Till	*hat*	***doch** morgen Hochzeitstag.*	
Ich	*habe*	***ja** seinen Hochzeitstag*	*vergessen.*

! Man kann nach Modalpartikeln nicht fragen und sie verändern sich nicht.

12 | Die Sätze

Die Satzglieder

Das Verb bildet das Zentrum des Satzes. Es braucht fast immer mindestens eine Ergänzung, um einen Satz bilden zu können.
Die wichtigste Ergänzung ist das **Subjekt:** ***Der Vater*** *badet.*
Manche Verben brauchen mehrere Ergänzungen, die in verschiedenen Kasus stehen können. Sie werden **Objekte** genannt.

Der Vater wäscht ***seinen Sohn****.*
Der Vater gibt ***seinem Sohn das Haarshampoo****.*

Das Subjekt im Satz

Das Subjekt ist die Nominativergänzung des Verbs.

Der Vater *badet.* ***Das Boot*** *schwimmt auf dem See.*

Fragewort	Frage	Antwort
Wer? (Personen)	***Wer*** *wäscht seinen Sohn?*	***der Vater***
Was? (Dinge, Abstrakta)	***Was*** *schwimmt auf dem See?*	***das Boot***

Das Subjekt kann ein **Substantiv** oder **Pronomen** sein.

Irina *schwimmt im See.* ***Sie*** *schwimmt im See.*
Der See *ist sauber.* ***Er*** *ist sauber.*

Es steht meist am Satzanfang, kann aber auch in der Satzmitte stehen.

Satzanfang	Position 2	Satzmitte	Satzende
Ich	*gehe*		*angeln.*
Gestern	*bin*	***ich*** *mit Hans*	*angeln gegangen.*
	Muss	***ich***	*angeln gehen?*

Im Frage- oder Befehlssatz ändert sich die Stellung des Subjekts.

Das Verb im Satz (Prädikat)

Das Verb gibt im Satz folgende Informationen:

Was **macht** eine Person (oder mehrere)? *Der Vater* ***wäscht*** *seinen Sohn.*
Was **geschieht**? *Das Wasser* ***spritzt*** *über den Rand der Badewanne.*

Das Verb kann aus einem Teil oder mehreren Teilen bestehen.
Das hängt von der Art des Verbs, vom Tempus und vom Modus ab.
▶ Das Verb, S. 63 ff.

Der Vater nimmt die Seife.

Das Verb steht auf Position 2 im Hauptsatz. Im Nebensatz steht es an letzter Stelle.
Ausnahme: Imperativsätze (▶ S. 142) und Nebensätze (▶ S. 142 ff.)

Mehrteilige Verben bilden im Satz eine **Satzklammer**. Beispiele:

Modalverben	*Er*	***will***	*die Seife*	***nehmen.***
trennbare Verben	*Sie*	***hängt***	*die Wäsche*	***auf.***
zusammengesetzte Tempora	*Wir*	***haben***	*das Handtuch*	***gewaschen.***
Konjunktiv II	*Ich*	***würde***	*das Kind*	***ausfahren.***
Passivformen	*Sie*	***wird***	*vom Vater*	***abgeholt.***
Mehrteilige Verben	*Wir*	***gehen***	*heute*	***spazieren.***

Der konjugierte Teil des Verbs steht im Aussagesatz meist auf Position 2, der andere Verbteil am Satzende.

Die Objekte im Satz

Viele Verben brauchen außer dem Subjekt im Satz noch weitere Ergänzungen – die Objekte. Der Kasus des Objekts hängt vom Verb ab:
Der Vater trocknet ***seinen Sohn ab.*** *abtrocknen* + Akkusativ
Die Mutter schaut ***ihnen*** *zu.* (bei Personen: *zuschauen* + Dativ)

In einem Satz kann es auch mehrere Objekte geben:
Dann zieht er ***ihm den Schlafanzug*** *an.* (Dativ- und Akkusativobjekt)

Es gibt folgende Objekte:

Das Akkusativobjekt (direktes Objekt) steht bei den meisten deutschen Verben.

Thomas badet ***seinen Sohn.***	***Wen*** *badet er?*	***seinen Sohn***	*baden* + Akkusativ
Thomas wäscht ***sein Auto.***	***Was*** *wäscht er?*	***sein Auto***	*waschen* + Akkusativ

Das Dativobjekt (indirektes Objekt)

*Er möchte **seiner Frau** helfen.*	***Wem** will er helfen?*	***seiner Frau***	*helfen* + Dativ

Die Stellung des Akkusativ- und Dativobjekts im Satz:

Satzanfang	Position 2	Satzmitte	Satzende
Ich	*möchte*	***den Käse** gern selbst*	*essen.*
Der Käse	*schmeckt*	***dem Mann** gut.*	

! Das Dativ- oder Akkusativobjekt kann auch am Satzanfang stehen: ***Diesen Käse** möchte ich essen. **Dem Mann** schmeckt der Käse.*

Leicht gemerkt!

Wenn es in einem Satz **Akkusativ**- und **Dativ**objekt gibt, steht das **Dativ**- vor dem **Akkusativ**objekt:

*Ich habe der Frau **mein Auto** geschenkt.*

Sind sowohl **Akkusativ**- als auch **Dativ**objekt Pronomen, steht das **Akkusativ**- vor dem **Dativ**objekt:

*Ich habe **es** ihr geschenkt.*

Ist das **Akkusativ**objekt ein Pronomen und das **Dativ**objekt ein Substantiv oder umgekehrt, dann gilt die Regel: **Kurz vor lang**:

*Ich habe **es** der Frau geschenkt.*
*Ich habe ihr **mein Auto** geschenkt.*

Das Präpositionalobjekt

Manche Verben treten fast immer mit einer Präposition auf. Die Präposition bestimmt den Kasus, z. B. *warten auf, hoffen auf, sich freuen über/auf ..., etwas legen auf/in/vor ...* ▶ S. 118 ff.

Objekt mit Präposition im Dativ	*Ich fürchte mich vor Spinnen.*
Objekt mit Präposition im Akkusativ	*Ich denke an dich.*

Die Stellung im Satz: Präpositionalobjekte stehen meistens am Ende der Satzmitte.

Satzanfang	Verb	Satzmitte	Satzende
Susanne	*denkt*	*jeden Abend* ***an ihn.***	
Roland	*legte*	*seinen Schlüssel* ***auf den Tisch.***	
Die Schwester	*bringt*	*das Baby* ***ins Bett.***	
Das Baby	*liegt*	***im Bett.***	

Das Genitivobjekt

Es wird relativ selten gebraucht.
Wir gedenken ***der gefallenen Soldaten.*** (*gedenken* + Genitiv)
Wir waren uns ***des Risikos*** *bewusst.* (*sich bewusst sein* + Genitiv)

Leicht gemerkt!

Sie können nach den Satzgliedern mit **W-Fragen** (Ergänzungsfragen) fragen:
Wer?, Wie?, Was?, Wo?, Wann?, Warum?, Womit?, …

Die Stellung der Satzglieder in der Satzmitte hat nur wenige Regeln. Hier einige Richtlinien zur Orientierung:

- Kurz vor lang bei den Objekten:
  Der Bäcker verkaufte ***ihr fünf Brezeln*** *für nur zwei Euro.*
  Der Bäcker gab ***sie dem älteren Herrn.***
- Bei mehreren Satzgliedern in der Satzmitte zuerst Nominativ:
  Dann hielt ***der Bäcker*** *der Frau die Tür auf.*
- Wenn es mehrere adverbiale Angaben im Satz gibt, gilt für die Reihenfolge die Regel TEKAMOLO:
  1. temporal
  2. kausal
  3. modal
  4. lokal

  Susanne fuhr ***heute Morgen*** (TE) ***wegen ihres kranken Fußes*** (KA) ***mit dem Taxi*** (MO) ***zum Arzt*** (LO).

Die Satzarten

Man unterscheidet verschiedene Satzarten. Das Verb hat dabei unterschiedliche Positionen.

Der Hauptsatz

In Hauptsätzen steht das Verb auf Position 2 oder am Anfang des Satzes. Zu den Hauptsätzen werden folgende Satzarten gezählt:

	Satzarten	Verb	Beispielsatz
.	Aussagesatz	Position 2	*Ein junger Mann **ging** zum Flughafen.*
?	W-Frage	Position 2	*Wohin **fliegst** du?*
?	Ja/Nein-Frage	Position 1	***Fliegst** du allein? – Ja.*
!	Imperativsatz	Position 1	***Beeil** dich!*

Der Aussagesatz

Der Aussagesatz ist ein Hauptsatz. Er kann …

erzählen	*Es war einmal vor vielen Jahren …*
berichten	*Kurz darauf geschah der Unfall.*
feststellen	*Heute ist schönes Wetter.*

Positionen im Satz:

Satzanfang (Position 1): Hier steht meist das Subjekt oder eine Orts- oder Zeitangabe.
Position 2: Das ist die Position des konjugierten Verbs.
Die Elemente der Satzmitte:

- **Das Subjekt:** Wenn das Subjekt nicht auf Position 1 steht, steht es immer direkt hinter dem Verb.
- **Adverbien und adverbiale Angaben:** Sie stehen oft zwischen zwei Objekten. Zur Reihenfolge siehe ► „Leicht gemerkt“, S. 140.
- **Objekte:** ► Objekte im Satz, S. 136 ff.
- **präpositionale Objekte:** Sie stehen meist weit hinten in der Satzmitte. ► S. 137 f.
  *Ich konnte mich immer **auf meine Kollegen** verlassen.*
- **Satzende:** hier steht bei mehrteiligen Verben der andere Verbteil.

Satz-anfang	Verb	Satzmitte (Subjekt, Adverbien, Objekt)	Satzende
Position 1	Position 2		
Du	***kommst***	*am Montag*	***an.***
Dann	***können***	*wir einen Tee*	***trinken gehen.***
Heute	***wurde***	*das Hotel*	***eröffnet.***
Das Hotel	***hätte***	*nicht*	***gebaut werden dürfen.***
Ich	***habe***	*Kuchen*	***mitgebracht.***

Leicht gemerkt!

Die Reihenfolge hinter dem Verb können Sie sich mit dem Kunstwort „Tekamolo" (temporal – kausal – modal – lokal) merken. Das ist eine Grundregel. Abweichungen sind möglich.

Ich fuhr	*gestern*	*wegen Kopfschmerzen*	*mit dem Bus*	*zum Arzt.*
	Temporal	**Ka**usal	**Mo**dal	**Lo**kal

Die Negation im Satz

Nicht steht meist am Ende des Satzes, wenn der ganze Satz verneint ist. Nicht steht vor dem Wort oder der Wortgruppe, welche verneint wird:
*Ich gehe **nicht mit dir**, sondern mit Peter.*
*Wir kommen **nicht heute**, sondern morgen.*

Position 1	Verb	Satzmitte		Satzende	
Ich	*komme*		***nicht*.**		
Thomas	*ruft*		***nicht***	*an.*	2-teiliges Verb
Er	*ist*	*doch*	***nicht***	*da.*	*sein* + Adverb
Till	*ist*		***nicht***	*sein Onkel.*	*sein* + Substantiv
Opa	*ist*	*noch*	***nicht***	*alt.*	*sein* + Adjektiv
Mutter	*fährt*	*heute*	***nicht***	*schnell.*	Adverb der Art und Weise
Sie	*fliegt*	*bestimmt*	***nicht***	*über Prag.*	Objekt + Präposition

! ***Nicht*** steht vor dem zweiten Teil eines Verbs.
*Ich habe ihn nicht **gefragt**.*

Der Fragesatz

Man unterscheidet:

W-Fragen (Ergänzungsfragen) ***Warum*** *bist du so müde?*
Sie beginnen mit einem Fragewort: ***wann, warum, weshalb, wieso ...***

Satzstellung: An Position 1 steht das Fragewort, das Verb steht auf Position 2.

Position 1 Fragewort	Position 2 Verb	Satzmitte	Satzende
Was	*machst*	*du?*	
Wo	*kommst*	*du*	*her?*

***Ja-/Nein*-Fragen** (Entscheidungsfragen) *Bist du allein?*
Auf diese Frage antwortet man mit *ja* oder *nein*.

1. Möglichkeit zu antworten::

Haben Sie ein eigenes Haus?	
positive Antwort: *Ja. (Ich habe ein eigenes Haus.)*	negative Antwort: *Nein, ich habe kein eigenes Haus.*

2. Möglichkeit zu antworten::

Haben Sie ***nicht*** *ein eigenes Haus? (Negation in der Frage)*	
positive Antwort: *Doch. (Ich habe ein eigenes Haus.)*	negative Antwort: *Nein, ich habe kein eigenes Haus.*

Das konjugierte Verb steht bei Ja-/Nein-Fragen am Satzanfang, danach folgt das Subjekt.

Verb	Satzmitte	Satzende
Nimmst	*du die Tasche*	*mit?*
Kommt	*ihr nach Feierabend mit ins Kino?*	
Hast	*du Max heute schon*	*gesehen?*

▶ Indirekte Fragesätze, S. 145

Der Imperativsatz

Imperativsätze sind Sätze, die freundlich bitten, warnen, befehlen oder etwas verbieten. ▶ Der Imperativ, S. 98 f.

Satzstellung: Das Verb steht im Imperativsatz am Satzanfang.

Die Höflichkeitsform braucht die Nominativergänzung *Sie*. *Sie* steht nach dem Verb.

Satzanfang	Satzmitte	Satzende
Geh	*hier*	*weg!*
Bitte kommt	*doch*	*mit!*
Kommen	***Sie***	*bitte!*

Bitte kann auch vor dem Verb oder am Satzende stehen:
***Bitte** geh hier weg.*
*Gib mir den Schlüssel **bitte**.*

Hauptsatzkombinationen

aber oder ***und:*** Hauptsätze können durch nebenordnende Konjunktionen miteinander verbunden werden. Die Wortstellung der beiden Hauptsätze ändert sich nicht. ▶ Konjunktionen, S. 113 ff.

Die Positionen im Satz

Satzanf.	Verb	Satzmitte	Satzende	**Konj.**	Satzanf.	Verb	Satzmitte	Satzende
Er	*ist*	*ins Kino*	*gegangen,*	***und***	*es*	*hat*	*noch Karten*	*gegeben.*
Zuerst	*kam*	*Werbung,*		***aber***	*der Film*	*fing*	*pünktlich*	*an.*

Nebensätze

Nebensätze haben einen anderen Satzaufbau als Hauptsätze. Sie können nicht allein stehen. Durch eine unterordnende Konjunktion, auch **Subjunktion** genannt, werden sie mit einem Hauptsatz verbunden. Zwischen Haupt- und Nebensatz steht ein Komma.
Nebensätze werden durch verschiedene Wortarten eingeleitet:
- durch Konjunktionen: *Marie isst viel, **weil** sie wächst.*
- durch ein Fragewort: *Ich weiß, **warum** sie so viel isst.*
- durch ein Relativpronomen: *Heute kommt die Vertreterin, **die** so interessante Bücher hat.*

Die Positionen im Nebensatz

! Allgemeine Regeln:

- Das konjugierte Verb steht am Satzende:
  Ich denke, dass sie ***kommt****.*
- Bei einem mehrteiligen Verb steht das Hilfsverb am Satzende:
  Ich frage mich, ob er heute Morgen ***eingekauft hat****.*
- Trennbare Verben werden **nicht** getrennt!
  Ich kann jetzt nicht, weil ich ***abwasche****.*
- Bei Modalverben: Das Modalverb steht am Satzende:
  Ich weiß, dass er mich ***abholen will****.*
  Im Perfekt, Plusquamperfekt und Futur I steht das konjugierte Hilfsverb vor den anderen Verbteilen. *Ich weiß, warum das Unglück* ***hat/hatte/wird kommen müssen****.*
- Die Elemente der Satzmitte sind wie im Hauptsatz geordnet.
  ▶ S. 139 f.

Konjunktionale Nebensätze

dass, ob, weil, wenn*:* Die Nebensätze werden durch eine Subjunktion eingeleitet. ▶ unterordnende Konjunktionen, S. 115 ff.

Nebensätze kann man in Gruppen einteilen:

Kausale Nebensätze

Sie geben einen Grund an, der sich auf eine Information im Hauptsatz bezieht.

Da *so viele Schüler krank waren,* *fiel der Ausflug aus.*
Die Schule fiel aus, ***weil*** *es so heiß war.*

Finale Nebensätze

Sie geben einen Zweck, ein Ziel oder eine Absicht an.

Wir sind umgezogen, ***damit*** *die Kinder mehr Platz haben.*

! Wenn das Subjekt in Haupt- und Nebensatz identisch ist, verwendet man häufig ***um … zu*** **+ Infinitiv**. Der Infinitiv steht am Satzende.

Ich esse täglich Obst, ***um*** *gesund* ***zu bleiben****.*

Temporale Nebensätze

In temporalen Nebensätzen werden Zeitverhältnisse ausgedrückt.

Gleichzeitigkeit – Mehrere Handlungen geschehen zur selben Zeit.

während	***Während*** *es regnete,*	*blieben wir im Café.*
solange	***Solange*** *du Fieber hast,*	*solltest du im Bett bleiben.*

Der Zeitpunkt der gleichzeitigen Handlungen liegt in der Vergangenheit.

als	***Als*** *wir losgingen,*	*schliefst du noch.*

Der Zeitpunkt der gleichzeitigen Handlungen ist in der Gegenwart oder Zukunft.

wenn	***Wenn*** *ich arbeite,*	*brauche ich Ruhe.*
	Wenn *du müde wirst,*	*geh ins Bett.*

Vorzeitigkeit – Das Geschehen des Nebensatzes ist abgeschlossen und geht dem Hauptsatz zeitlich voraus. Darum stehen diese Nebensätze auch oft vor dem Hauptsatz. Das Tempus im Nebensatz liegt vor dem Tempus des Hauptsatzes. Ausnahmen sind aber möglich.

nachdem

Perfekt	Präsens
Nachdem *du die Prüfung geschafft hast,*	*kannst du dich an der Fachschule bewerben.*
Plusquamperfekt	Perfekt oder Präteritum
Nachdem *er Tennis gespielt hatte,*	*ist er gleich nach Hause gegangen./ ging er gleich nach Hause.*

seit/seitdem

Dauer von einem Zeitpunkt in der Vergangenheit bis jetzt. Tempus im Nebensatz: Präsens, wenn die Handlung bis in die Gegenwart andauert, und Perfekt oder Präteritum, wenn die Handlung einmalig in der Vergangenheit stattfand.

Seitdem *er raucht,*	*sind die Gardinen grau.*
Seit *er mit dem Rauchen aufhörte,*	*fühlt er sich viel besser.*

Nachzeitigkeit – Die Handlung des Nebensatzes liegt zeitlich nach der des Hauptsatzes.

	1. Handlung (davor)	2. Handlung (danach)
bevor	*Wir müssen die Katze noch füttern,*	***bevor*** *wir losfahren.*
ehe	***Ehe*** *es dunkel wird,*	*müsst ihr zu Hause sein.*

Dauer bis zu einem bestimmten Zeitpunkt. Das Tempus in Haupt- und Nebensatz ist meistens dasselbe.

bis	*Ich warte/wartete,*	***bis*** *du fertig bist/warst.*

Konditionale Nebensätze

Die Nebensätze drücken eine Bedingung aus. Im Hauptsatz steht die Konsequenz.

Bedingung	Konsequenz
Wenn *du aufhörst,*	*lasse ich dich in Ruhe.*
Wenn du nicht aufhörst,	werde ich sauer.
Falls *du Zeit hast,*	*kannst du den Wasserhahn reparieren.*

Konzessive Nebensätze

Die Aussage des Nebensatzes steht im Widerspruch zum Hauptsatz.

obwohl/auch wenn – Die Konsequenz ist anders als erwartet.
Obwohl *ich müde bin,* *kann ich nicht schlafen.*

Konsekutive Nebensätze

Sie drücken die Folge einer Handlung oder eines Zustands aus.

Er kam viel zu spät, ***so dass*** *der Film fast vorbei war.*
Er kam so viel zu spät, ***dass*** *der Film fast vorbei war.*

Komparative Nebensätze

Diese Sätze drücken einen Vergleich aus.

als ob – Im Nebensatz steht der Konjunktiv II!
Es kommt mir vor, ***als ob*** *ich dicker geworden wäre.*

so … wie – bei vergleichenden Adjektiven
Sie ist ***so*** *groß,* ***wie*** *ihr Bruder einmal werden will.*

Indirekte Fragesätze

Nebensätze mit ***ob*** sind indirekte Fragesätze. Sie drücken Zweifel oder Nichtwissen aus. Sie beziehen sich auf eine *Ja/Nein*-Frage.

Ich weiß nicht, ***ob*** *er zur Party kommt.*
Die direkte Frage wäre: *Kommt er zur Party?*

Ich bin mir nicht sicher, ***ob*** *ich die Tür abgeschlossen habe.*
Die direkte Frage wäre: *Habe ich die Tür abgeschlossen?*

Positionen der Elemente der konjunktionalen Nebensätze

Haupt- und Nebensatz

Der Nebensatz steht in der Regel nach dem Hauptsatz.

Subjekt	Verb	Satzmitte	Satzende	Subjunktion	Satzmitte	Satzende
Wir	*waren*	*am Strand,*		***als***	***der Sturm***	***kam.***

Der Nebensatz kann bei einigen Konjunktionen (*da, während, wenn, nachdem, seit(dem), obwohl*) vor dem Hauptsatz stehen. Dann folgt auf den Nebensatz zuerst das Verb des Hauptsatzes, danach das Subjekt des Hauptsatzes.

Subjunktion	Satzmitte	Satzende	Verb	Satzmitte	Satzende
Da	***es heute***	***regnet,***	*nehme*	*ich den Schirm*	*mit.*

Infinitivsätze mit *zu* (erweiterte Infinitive)

Infinitivsätze stehen meist nach bestimmten Ausdrücken mit ***es***. Beispiele:

Es war schön*, dich wiederzusehen.*
Es ist verboten*, im Bahnhof zu rauchen.*
Es hat keinen Sinn*, noch länger auf sie zu warten.*

Nach bestimmten Substantiven + ***haben***, wenn das Subjekt im Haupt- und Infinitivsatz identisch ist:

Ich ***habe*** *keine* ***Zeit****, etwas zu kochen.*
Habt *ihr* ***Lust****, ins Kino zu gehen?*

Die Teile ***ohne, um, (an)statt*** stehen am Anfang des Infinitivsatzes. Oft steht die Infinitivkonstruktion auch vor dem Hauptsatz.

Er verließ den Raum, ***ohne*** *sich zu verabschieden.*
Um *die Aufgabe lösen* ***zu*** *können, musst du den Text genau lesen.*
Anstatt *uns* ***zu*** *helfen, ging Thomas spazieren.*

Relativsätze

Diese Nebensätze werden durch ein Relativpronomen eingeleitet. ▶ S. 36f. Sie beziehen sich auf das Subjekt, ein Objekt oder auf eine adverbiale Angabe im Hauptsatz. Im Relativsatz werden zu diesem Satzteil weitere Informationen gegeben.
Vor dem Relativpronomen kann eine Präposition stehen, wenn das Verb des Relativsatzes es erfordert.

Hauptsatz	Relativpronomen	Satzmitte	Satzende
Das ist Ralf,	***der sehr gut schwimmen***		***kann.***
Kennst du die Frau,	***die dort***		***steht?***
Das ist Klaus,	***mit dem***	***ich im Urlaub***	***war.***

Relativsätze werden oft in einen Hauptsatz eingeschoben:

Herr Müller, ***der gern Bier trinkt,*** *hat schon eine rote Nase.*

Nebensätze mit Fragewort

Fragen mit Fragewörtern wie ***wo, wann, warum, wie …*** kann man auch durch einen Nebensatz ausdrücken. Dann stehen im Hauptsatz Verben wie *wissen, fragen, sagen …*

Ich weiß nicht, ***warum*** *Maria nicht zur Party gekommen ist.*
Mein Kind hat mich gefragt, ***wo*** *der Weihnachtsmann wohnt.*
Bitte sag mir, ***wann*** *wir uns treffen können.*
Matthias wusste nicht, ***wer*** *ihm den Liebesbrief geschickt hatte.*

13 Grammatische Varianten des Standard-Sprachgebrauchs in Österreich und der Schweiz

Das Deutsch, das in Deutschland, in Österreich und der Schweiz gesprochen wird, ist keineswegs einheitlich. Es gibt zum Teil große Unterschiede in den Bereichen Aussprache, Wortschatz und Grammatik. Einige grammatische Besonderheiten aus dem Österreichischen Deutsch und dem Schweizerdeutschen, die teilweise auch im süddeutschen Sprachraum sehr verbreitet sind, sollen hier vorgestellt werden.

Österreichisches Deutsch

1. Das Perfekt wird in der Umgangssprache bevorzugt:

*Gestern in der Früh **bin** ich ins Café **gegangen**.*

2. Das Perfekt von *hängen, knien, liegen, reiten, schwimmen, sitzen* und *stehen* wird mit *sein* gebildet:

*Ich **bin** im Kino **gesessen**.*

3. Es gibt Unterschiede beim Gebrauch der Präpositionen:

Österreichisches Deutsch	**Standardhochdeutsch**
*Vergiss nicht **auf** dein Versprechen!*	*Vergiss dein Versprechen nicht!*

Ich fahre in der Nacht ***auf*** *Sonntag.*	*Ich fahre in der Nacht* ***zu*** *Sonntag!*
Die Sache hängt mir ***beim*** *Hals heraus!*	*Die Sache hängt mir* ***zum*** *Hals heraus!*
Er hat ihr eine Kette ***um*** *200 € gekauft.*	*Er hat ihr eine Kette* ***für*** *200 € gekauft.*
Zahlen Sie bitte ***bei*** *der Kassa.*	*Zahlen Sie bitte* ***an*** *der Kasse.*

4. Vor Eigennamen steht in der Umgangssprache der bestimmte Artikel:

Die *Marianne kommt heute später.*	*Marianne kommt heute später.*

5. Es gibt Unterschiede im Genus:

die *Sellerie,* ***der*** *Polster,* ***der*** *Kilo*	***der*** *Sellerie,* ***das*** *Polster,* ***das*** *Kilo*

6. … und in der Pluralbildung (häufig Umlaute):

*die B**ö**gen, die W**ä**gen, die M**ä**gen*	*die B**o**gen, die W**a**gen, die M**a**gen*

7. Es gibt vorwiegend in der Umgangssprache besondere Suffixe: -**er**, -**ler**, -**ner**

*ein Sechs**er**, ein Tax**ler**, Ausbild**ner***	*eine Sechs, ein Taxifahrer, Ausbilder*

8. … und Diminutivsuffixe: -**erl**, -**el** (nur Umgangssprache)

*das Sack**erl**, das Würst**el***	*das Säckchen, das Würstchen*

9. Adverbien mit Suffix -**s**:

*weiter**s**, öfter**s***	*weiter, öfter*

10. Häufige Umlautbildung:

*eisenh**ä**ltig, dreif**ä**rbig*	*eisenh**a**ltig, dreif**a**rbig*

11. Häufiger Gebrauch der Fugen -**s**-, -**es**-:

*Aufnahm**s**prüfung, Rind**s**braten*	*Aufnahm**e**prüfung, Rind**er**braten*

12. Fehlende Fugen bei Substantiven, die von Verben abgeleitet wurden:

Ausrufzeichen, Visitkarte	*Ausrufezeichen, Visitenkarte*

13. Verwendung anderer Grund- und Bestimmungswörter bei Komposita:

***Dienst**geber, **Dienst**nehmer*	***Arbeit**geber, **Arbeit**nehmer*
*sich aus**rasten***	*sich aus**ruhen***

Kennen Sie sich in der österreichischen Küche aus? Versuchen Sie, die deutschen Entsprechungen den österreichischen Wörtern zuzuordnen.

1.	**Topfen**	a.	**Meerrettich**
2.	**Obers**	b.	**Blumenkohl**
3.	**Kren**	c.	**Aprikosen**
4.	**Paradeiser**	d.	**Quark**
5.	**Karfiol**	e.	**Tomaten**
6.	**Marillen**	f.	**Sahne**

Lösung: 1d, 2f, 3a, 4e, 5b, 6c

Schweizerdeutsch

Das Schweizerdeutsch ist so vielseitig, dass nur schwer einheitliche Formen angegeben werden können. Die Besonderheiten betreffen hauptsächlich die gesprochene Umgangssprache. Hier einige Besonderheiten aus schweizerischen Dialekten:

1. Verben stehen in manchen Dialekten mit anderen Kasus und Präpositionen:

Schweizerdeutsch	**Standardhochdeutsch**
*Ich gratuliere **für** deinen Geburtstag.*	*Ich gratuliere **zu** deinem Geburtstag.*
*Denk **auf** unser Treffen!*	*Denk **an** unser Treffen!*
*Sport nützt **die** Gesundheit.*	*Sport nützt **der** Gesundheit.*

2. Es gibt eine weitere Negativkonstruktion. Neben *Heut ist **kein** schönes Wetter.* kann man sagen *Heut ist **nicht** schönes Wetter.*

3. Vor Eigennamen steht der bestimmte Artikel:

***Die** Marianne kommt heute später.* *Marianne kommt heute später.*

4. Es gibt Unterschiede im Genus:

***der** Butter, **der** Socken*	***die** Butter, **die** Socke*
***das** Kaffee* (als Getränk)	***der** Kaffee*

5. Es gibt ein besonderes Diminutivsuffix: **-li** (**-lein**):
*Päck**li*** (*Päckchen*), *Stück**li*** (*Stückchen*), *Guetz**li*** (*Plätzchen*)

Chuchichäschtli ist das typische schweizerdeutsche Wort schlechthin.
Es bedeutet wörtlich ‚Küchenkästchen', also Küchenschrank, und ist eine sprachliche Herausforderung für alle Nicht(deutsch)schweizer. Versuchen Sie mal es auszusprechen. Das *ch* ist sehr rau und wird im Rachen mit dem Gaumenzäpfchen erzeugt.

6. Abweichung bei Verben:

parkieren	*parken*

7. Abweichung bei Adjektiven und Adverbien:

lärmig, weiters, schlussendlich	*lärmend, weiter, schließlich*

8. Anderer Gebrauch der Fugenlaute **-e-** und **-s-**:

Badanzug, Badkleid	*Bad**e**anzug*

9. Verwendung anderer Grund- und Bestimmungswörter bei Komposita:

*Kartoffel**stock***	*Kartoffel**brei***
***Glätt**eisen*	***Bügel**eisen*
***Nas**tuch*	***Taschen**tuch*

Leicht gemerkt!

Wenn Sie in der Schweiz essen möchten, dann sollten Sie sich folgende Begriffe merken:

Zmorge (Morgen)	*Frühstück*
Znüni (neun Uhr)	*Imbiss am Vormittag*
Zmittag (Mittag)	*Mittagessen*
Zvieri (vier Uhr)	*Imbiss am Nachmittag*
Znacht (Nacht)	*Abendbrot*

Achten Sie auf die Zeitangaben, die in den Begriffen stecken – dann ist es ganz einfach!

Unregelmäßige Verben

Infinitiv	Präteritum 3. Person Singular	Partizip II
befehlen	befahl	befohlen
beginnen	begann	begonnen
behalten	behielt	behalten
beißen	biss	gebissen
bekommen	bekam	bekommen
belügen	belog	belogen
beraten	beriet	beraten
beschließen	beschloss	beschlossen
beschreiben	beschrieb	beschrieben
besitzen	besaß	besessen
bestehen	bestand	bestanden
betragen	betrug	betragen
betrügen	betrog	betrogen
beweisen	bewies	bewiesen
bewerben	bewarb	beworben
beziehen	bezog	bezogen
biegen	bog	gebogen
bieten	bot	geboten
binden	band	gebunden
bitten	bat	gebeten
blasen	blies	geblasen
bleiben	blieb	ist geblieben
braten	briet	gebraten
brechen	brach	hat/ist gebrochen
brennen	brannte	gebrannt
bringen	brachte	gebracht
denken	dachte	gedacht
dringen	drang	ist gedrungen
dürfen	durfte	dürfen/gedurft Modalverb/Vollverb
enthalten	enthielt	enthalten
entlassen	entließ	entlassen
empfehlen	empfahl	empfohlen
entscheiden	entschied	entschieden
entschließen	entschloss	entschlossen
entsprechen	entsprach	entsprochen

Infinitiv	Präteritum 3. Person Singular	Partizip II
entstehen	entstand	ist entstanden
erfahren	erfuhr	erfahren
erfinden	erfand	erfunden
erhalten	erhielt	erhalten
erkennen	erkannte	erkannt
erscheinen	erschien	ist erschienen
erschrecken	erschrak	ist erschrocken
erziehen	erzog	erzogen
essen	aß	gegessen
fahren	fuhr	ist gefahren
fallen	fiel	ist gefallen
fangen	fing	gefangen
finden	fand	gefunden
fliegen	flog	ist geflogen
fliehen	floh	ist geflohen
fließen	floss	ist geflossen
fressen	fraß	gefressen
frieren	fror	hat/ist gefroren
geboren werden	wurde geboren	ist geboren worden
geben	gab	gegeben
gefallen	gefiel	gefallen
gehen	ging	ist gegangen
gelingen	gelang	ist gelungen
gelten	galt	gegolten
genießen	genoss	genossen
geraten	geriet	ist geraten
geschehen	geschah	ist geschehen
gewinnen	gewann	gewonnen
gießen	goss	gegossen
gleiten	glitt	ist geglitten
graben	grub	gegraben
greifen	griff	gegriffen
haben	hatte	gehabt
halten	hielt	gehalten

Infinitiv	Präteritum 3. Person Singular	Partizip II
hängen	hing	hat/ist gehangen
hauen	haute (hieb)	gehauen
heben	hob	gehoben
heißen	hieß	geheißen
helfen	half	geholfen
kennen	kannte	gekannt
klingen	klang	geklungen
kommen	kam	ist gekommen
können	konnte	können/ gekonnt Modalverb/ Vollverb
laden	lud	geladen
laufen	lief	ist gelaufen
lassen	ließ	lassen/ gelassen
leiden	litt	gelitten
leihen	lieh	geliehen
lesen	las	gelesen
liegen	lag	hat/ist gelegen
lügen	log	gelogen
mahlen	mahlte	gemahlen
meiden	mied	gemieden
melken	melkte	gemelkt (gemolken)
messen	maß	gemessen
misslingen	misslang	ist misslungen
missverstehen	missverstand	missverstanden
mögen	mochte	mögen/ gemocht
müssen	musste	müssen/ gemusst Modalverb/ Vollverb
nehmen	nahm	genommen
nennen	nannte	genannt
pfeifen	pfiff	gepfiffen

Infinitiv	Präteritum 3. Person Singular	Partizip II
raten	riet	hat/ist geraten
reiben	rieb	gerieben
reißen	riss	gerissen
reiten	ritt	hat/ist geritten
rennen	rannte	ist gerannt
riechen	roch	gerochen
rufen	rief	gerufen
salzen	salzte	gesalzt (gesalzen)
saufen	soff	gesoffen
saugen	saugte[1]/ sog	gesaugt / gesogen
schaffen	schuf/ schaffte[2]	geschaffen/ geschafft
scheinen	schien	geschienen
schieben	schob	geschoben
schießen	schoss	geschossen
schlafen	schlief	geschlafen
schlagen	schlug	geschlagen
schleifen	schliff/ schleifte	geschliffen/ geschleift
schließen	schloss	geschlossen
schmeißen	schmiss	geschmissen
schmelzen	schmolz	hat/ist geschmolzen
schneiden	schnitt	geschnitten
schreiben	schrieb	geschrieben
schreien	schrie	geschrie(e)n
schweigen	schwieg	geschwiegen
schwimmen	schwamm	hat/ist geschwommen
schwören	schwor	geschworen
sehen	sah	gesehen
sein	war	ist gewesen
senden	sandte/ sendete[3]	gesandt / gesendet
singen	sang	gesungen
sinken	sank	ist gesunken
sitzen	saß	(hat/ist) gesessen
sprechen	sprach	gesprochen

Infinitiv	Präteritum 3. Person Singular	Partizip II
springen	sprang	ist gesprungen
stechen	stach	gestochen
stehen	stand	hat/ist gestanden
stehlen	stahl	gestohlen
steigen	stieg	ist gestiegen
sterben	starb	ist gestorben
stoßen	stieß	gestoßen
streichen	strich	gestrichen
streiten	stritt	gestritten
tragen	trug	getragen
treffen	traf	getroffen
treiben	trieb	getrieben
treten	trat	getreten
trinken	trank	getrunken
tun	tat	getan
überweisen	überwies	überwiesen
unterhalten	unterhielt	unterhalten
unterscheiden	unterschied	unterschieden
unterschreiben	unterschrieb	unterschrieben
verbieten	verbot	verboten
verbinden	verband	verbunden
verbringen	verbrachte	verbracht
vergessen	vergaß	vergessen
vergleichen	verglich	verglichen
verhalten	verhielt	verhalten
verlassen	verließ	verlassen
verlieren	verlor	verloren
verraten	verriet	verraten
verschreiben	verschrieb	verschrieben
verschwinden	verschwand	ist verschwunden
versprechen	versprach	versprochen
verstehen	verstand	verstanden
vertreten	vertrat	vertreten
verzeihen	verzieh	verziehen
wachsen	wuchs	ist gewachsen
waschen	wusch	gewaschen
wenden	wendete/ wandte[4]	gewendet/ gewandt
werben	warb	geworben
werden	wurde	ist worden/ geworden
werfen	warf	geworfen
wiegen	wog/ wiegte[5]	gewogen/ gewiegt
winken	winkte	gewinkt
wissen	wusste	gewusst
wollen	wollte	wollen/ gewollt Modalverb/ Vollverb
ziehen	zog	gezogen
zwingen	zwang	gezwungen

[1] *saugte* nur im technischen Sinne
[2] *schuf* = schöpferisch hervorbringen; *schaffte* = vollbringen, arbeiten
[3] *sandte* = verschicken (Post); *sendete* = ausstrahlen (TV etc.)
[4] *wandte* nur refl. Gebrauch
[5] *wog* = Gewicht feststellen; *wiegte* = schaukeln

Erklärung der Grammatikbegriffe

Fachbegriff	Deutsch	Beispiele
Adjektiv	Eigenschaftswort	*Der* ***interessante*** *Film.*
Adverb	Umstandswort	***Heute*** *war er* ***gern*** *im Büro.*
Akkusativ	Wen-Fall	*Ich nehme* ***das Auto****.*
Artikel	Geschlechtswort	***Die*** *Zugspitze ist* ***ein*** *Berg.*
Dativ	Wem-Fall	*Das glaub ich* ***dir*** *nicht.*
Demonstrativ-artikel	hinweisender Artikel	*Ich nehme* ***diese*** *Bluse.*
Demonstrativ-pronomen	hinweisendes Fürwort	*Welches Kleid soll ich anziehen? Nimm* ***dieses****.*
Diminutiv	Verkleinerungsform (durch Suffix)	*Ich habe zwei Vögel****chen*** *und ein Hund****lein****.*
Futur I	Zukunft	*Wir* ***werden*** *nach Köln* ***fliegen****.*
Futur II	vollendete Zukunft	*Bald* ***werde*** *ich die Arbeit* ***beendet haben****.*
Genitiv	Wessen-Fall	*Das Bild* ***des Künstlers*** *ist schön.*
Imperativ	Befehlsform	***Geh*** *ins Bett!*
Indefinit-artikel	unbestimmter Begleiter	*Nicht* ***alle*** *Vögel können fliegen.*
Indefinit-pronomen	unbestimmtes Fürwort	*Wir verstehen nicht* ***viel****.*
Indikativ	Wirklichkeitsform	*er* ***wartet****, er* ***liest****, er* ***ging****.*
Infinitiv	Grundform	*Es beginnt zu* ***regnen****.*
Interrogativ-artikel	Frageartikelwort	***Welche*** *Musik magst du?*
Interrogativ-pronomen	Fragewort	***Wer*** *hat angerufen?*
Komparativ	1. Steigerungsform	*Meine Wohnung ist* ***größer als*** *deine.*
Kompositum	Zusammengesetztes Wort	***Sonnenstrahlen****,* ***hitzefrei***
Konjunktion	Bindewort	*Tee* ***oder*** *Kaffee?*
Konjunktiv I	Möglichkeitsform I	*Man* ***nehme*** *drei Eier.*
Konjunktiv II	Möglichkeitsform II	*Wenn ich das* ***gewusst hätte****.*
Konsonant	Mitlaut	***b****,* ***c****,* ***d****, usw.*

Modalverb	bestimmt Art und Weise des Tuns	*dürfen, können, müssen, sollen, wollen, mögen*
Modus	Verhältnis zwischen Subjekt und Satzaussage	*Indikativ, Konjunktiv, Imperativ*
Partizip I	Mittelwort der Gegenwart	*Sie stand **heulend** auf.*
Partizip II	Mittelwort der Vergangenheit	*Sie haben **geschrieben**.*
Passiv	Leideform	*Er **ist gewählt worden.***
Perfekt	vollendete Gegenwart	*Er **ist** nach Guatemala **geflogen** und **hat** Kaffee **gekauft**.*
Personal-pronomen	persönliches Fürwort	***Ich** lerne Deutsch.*
Plusquam-perfekt	vollendete Vergangenheit	*Ich **hatte angerufen**.*
Possessiv-artikel	besitzanzeigendes Artikelwort	***Unsere** Lehrerin ist jung.*
Possessiv-pronomen	besitzanzeigendes Fürwort	*Ist das Ihr Hund? – Ja, das ist **meiner**.*
Präfix	Vorsilbe	***ver**lieren*
Präsens	Gegenwart	*Er **fliegt** nach Guatemala und **kauft** Kaffee.*
Präteritum	Vergangenheit	*Er **flog** nach Guatemala und **kaufte** Kaffee.*
Pronomen	Fürwort	*Sie kauft **es**.*
Reflexiv-pronomen	rückbezügliches Fürwort	*Er wäscht **sich**.*
Relativ-pronomen	bezügliches Fürwort	*Der Bus, **den** wir nehmen, fährt um 9.00 Uhr.*
Substantiv	Hauptwort	***Brot**, **Butter**, **Eier** usw.*
Suffix	Nachsilbe	*ein traum**haftes** Häus**chen**; staub**ig**, tugend**haft**, Eitel**keit***
Superlativ	2. Steigerungsform	*Der Montblanc ist **der höchste** Berg der Alpen.*
Verb	Tätigkeitswort	***schreiben**, **lesen**, **spielen**, **arbeiten** usw.*
Vokal	Selbstlaut	***a**, **e**, **i**, **o**, **u***

Stichwortregister